国家自然科学基金、江西省高校人文社科基金 & 江西理工大学经济管理学院学术著作出版基金资助

# 基于学习评论的在线课程质量改进及课程形象塑造

王 锐 陈 洁 李 强 傅惠娟 凌海丽 ◎ 著

U0911326

中南大學出版社
www.csupress.com.cn
·长 沙·

# 前言

Foreword

近年来，随着移动通信技术的快速发展，以MOOC、SPOC等为代表的在线教学模式以教学视频可重复观看、学习者可依据自身情况规划学习时间等特点，突破了传统课堂模式中教学活动受时间、地域等因素限制的缺陷，引起了学习者和研究者的广泛关注。特别是随着国家及各省一流课程(金课)建设计划的实施，大量课程更是集中在以中国大学MOOC为代表的在线学习平台上集中上线。在线课程的建设工作是一个课程质量持续迭代改进的过程，课程的上线并非课程建设工作的终点，而是课程质量迭代的起点。“改什么”“如何改”“改进的效果如何”等问题成为课程建设者必须回答的关键问题。此外，在线环境下，学习者对课程学习具有较大的选择权及自主权，课程形象也会对学习者的课程选择产生重要的影响。因此，在课程建设过程中，课程建设者们除了关注课程质量外，还应关注课程在学习者心目中的形象塑造问题。

区别于传统课程，在线环境下，学习者往往会以学习评论的形式留下学习者对课程质量的感知信息以及学习需求信息，如何利用学习评论信息来解决课程建设过程中面临的上述问题引起了学术界及课程建设者们的广泛关注。基于此，本书的主要研究内容从以下几个方面展开：

(1)基于LDA及KANO模型的在线课程学习需求分析。从学习评论的视角出发，采用LDA文本挖掘技术从学习者关于课程的评论数据中提取出学习者关注的需求主题，然后依据KANO模型的思想，将学习需求分为必备型、期望型和魅力型3种类型，综合学习者涉及各个需求主题时的细粒度情感极性以及评论整体情感极性，构建出需求主题的KANO隶属度函数，进而确定各个需求主题所属的KANO类型。

(2)基于QFD的在线课程质量提升路径设计。从服务型产品质量改进的视角出发，以中国大学MOOC平台上的国家一流课程为对标对象，以非国家一流课程为研究对象，构建出人文社科类非一流课程和自然科学类非一流课程QFD质量屋，将从课程学习评论数据中获取的学习需求转化课程关键技术质量属性，进而确定人文社科类非一流课程和自然科学类非一流课程的质量提升路径。

(3)基于能力成熟度模型及云模型的在线课程迭代效果评估。将能力程度模型的思想引入到在线课程迭代效果评估的过程之中，以魅力型学习需求和期望型学习需求为基础构建出在线课程质量迭代效果评估指标体系，构建出基于云模型及能力成熟度模型的在线课程质量迭代效果评价模型，并根据不同时期人文社科类国家一流课程和自然科学类国家一流课程的学习评论在各个质量指标上的情感变化情况，对人文社科类国家一流课程和自然课程类国家一流课程的综合迭代效果以及在各个指标上的细粒度迭代效果进行了评估。

(4)基于手段-目的链的在线课程学习者持续学习意愿分析。以手段-目的链模型为分析框架，基于TF-IDF算法从学习评论中提取概念范畴，构建总体含义矩阵，据此形成学习者在线学习的价值层次图，从而确定学习者持续学习意愿的形成路径，并运用基于关联频数及情感指数的路径重要性度量方法确定了各路径的重要度，在此基础之上确定了在线课程学习者持续学习意愿形成的关键路径。

(5)基于认知-情感-整体的在线课程形象感知分析。将认知-情感-整体框架引入在线课程形象的学习者感知领域，运用LDA主题挖掘、语义网络和情感分析等方法分别从认知形象、情感形象和整体形象三个方面对学习者对人文社科类国家一流课程和自然科学类国家一流课程的形象感知进行了分析，在此基础之上提出了相应的课程形象塑造策略。

本书的创新工作主要有：

(1)在研究视角创新方面，从学习评论的视角出发，对学习需求的提取与分析进行研究；从服务型产品质量改进的视角出发，对在线课程质量提升的路径进行研究；从认知-情感-整体的视角出发，对国家一流课程的学习者感知形象进行了研究。

(2)在方法创新方面，提出了在线课程学习需求的 KANO 分析方法；提出了基于 QFD 质量屋的在线课程质量提升方法；提出了基于能力成熟度及云模型的在线课程迭代效果评价方法；提出了基于手段-目的链的在线课程学习者持续学习意愿形成路径分析方法。

本书的完成得益于傅惠鹏老师以及本人所指导的硕士研究生凌海丽、陈洁、李强、郭星宇等同学在数据的收集与整理、数据分析、内容撰写等方面的支持，本书的具体分工如下：第一章主要由王锐负责；第二章主要由凌海丽负责；第三章主要由陈洁负责；第四章主要由凌海丽、王锐负责；第五章主要由李强、郭星宇负责；第六章主要由傅惠鹏负责；第七章主要由凌海丽、陈洁负责；第八章由王锐负责。

本书为国家自然科学基金地区项目(72164015)和江西省高校人文社科一般项目(JY24110)的研究成果，本书的出版得到国家自然科学基金、江西省高校人文社科基金和江西理工大学经济管理学院学术出版著作出版基金的资助，在此感谢江西理工大学经济管理学院有关领导和专家的鼓励与支持。由于作者的水平所限，书中疏漏之处恐难避免，敬请各位专家同仁和广大读者批评指正。

王 锐

2025 年 2 月

# 目录

Contents

# 第1章

# 导　论

## 1.1　研究背景及研究意义

### 1.1.1　研究背景

随着教育信息化和数字化转型的不断推进，在线教育以其资源的开放性、学习的便捷性及能根据学习者需求实现个性化学习的优势，得到了众多学习者的青睐和学者们的广泛关注。以 MOOC 为代表的在线课程是在线教育目标达成的重要载体，也是在线教育质量保证的重要基础。随着国家“双万计划”的实施，教育部明确提出完成 4000 门线上一流课程、6000 门线上线下混合式一流课程的建设目标。各省(区市)也同步推出了其一流课程建设计划，大量的课程集中上线。然而，在线课程在蓬勃发展的同时，也存在着重上线、轻后续改进、学习者持续学习意愿低等问题。据王伟等学者(2019)的研究发现：中国大学 MOOC 等国内主要在线学习平台上约 19.1%的课程的选课人数不足千人，约 3.8%的课程的选课人数不足百人。张新香等(2020)的调查发现中国大学 MOOC 等平台普遍存在课程完成率较低的问题，部分平台的平均课程完成率甚至不足 10%。这无疑造成了教育资源的巨大浪费。究其原因主要在于：在课程上线后的后续建设工作中，课程建设者存在“不知改什么”“不知怎么改”的困惑。因此，如何对在线课程的学习者需求进行分析，引导其质量迭代改进，进而提升在线课程品牌形象及学习者持续学习意愿对国家及各省的一流课程的建设工作的可持续发展、塑造一流课程的品牌形象具有重要意义。

与传统课程不同，从本质上看，在线课程是一个面向学习者的服务型产品，其建设过程是一个持续改进的过程。一方面，课程的上线并不意味着课程建设的结束，而是课程质量改进与迭代的开始。课程的迭代改进的基础在于精准地获取学习者的需求。传统的学习者需求获取主要依赖学习者问卷调查模式，而问卷模式存在着问卷调查对象并非在线课程学习群体的问题，严重影响学习者需求识别的准确度。同时，问卷调查模式还存在着调查规模难以控制的问题，问卷发放规模小了，样本的代表性不足；规模大了，成本较高，难以对学习者需求进行实时化、常态化的识别，导致无法及时发现学习者需求的变化，从而无法有效引导在线课程的质量迭代。此外，在线环境下，学习者往往会在学习平台上留下反映课程学习体验的学习评论数据。如何有效利用这些学习评论数据，从中发掘学习者的需求以引导在线课程的迭代，促进在线课程的质量建设？如何根据不同时期课程评论的情感变化情况，对课程的迭代效果进行评估？如何从学习评论中识别出学习者对课程的形象感知？这些问题引起了学术界及课程建设者们的广泛关注。

### 1.1.2　研究意义

#### 1. 理论意义

在研究视角层面，本书从学习评论的视角出发，运用文本挖掘技术，从在线课程的学习评论数据中挖掘学习者的需求；从能力成熟度视角出发，对在线课程的迭代进行了分析；从手段-目的链视角出发，对在线课程的学习者持续学习意愿进行分析；从认知-情感-整体视角出发，对在线课程形象的形成过程进行了分析，具有较新的研究视角。在研究方法层面：本书提出了基于学习评论挖掘及 KANO 模型的学习者需求分析方法、基于云模型的在线课程质量迭代改进测度方法、基于 QFD 的在线课程质量提升路径设计方法等理论与方法，丰富与完善了在线课程质量建设领域的理论与方法，具有较好的理论价值。

#### 2. 实践意义

随着国家及各省(区市)金课计划的实施，大量的在线开放课程需要进行质量建设。在线课程不同于传统课程，其建设过程是一个质量持续迭代的过程。

而课程的有效迭代的基础在于准确地识别学习者需求。受成本的限制，现行的学习者问卷调查模式很难对在线课程的学习者需求进行常态化的实时分析，难以发现学习者需求的变化，无法有效地引导在线课程质量迭代改进。此外，传统的课程质量改进模式主要是从学习者的视角出发对课程质量进行改进，其认为只要找到学习者的需求即能实现课程质量的改进；然而，在线课程属于服务产品的范畴，从产品设计的角度来看，服务型产品质量的改进并非直接由用户需求所驱动，而是由产品的关键技术质量属性所驱动。本书所提出的基于学习评论挖掘的在线课程学习者需求分析方法、基于 QFD 的在线课程质量提升路径设计方法等方法能够应用于国家及各省的在线课程建设实践工作中，有效地从学习评论中发掘出学习者需求，并将学习者的需求转化成为课程的关键技术功能属性改进点，从而驱动课程的质量迭代改进，具有较好的实践意义。

## 1.2　相关研究现状

### 1.2.1　学习者需求挖掘领域研究现状

#### 1. 学习者需求挖掘领域研究进展

在学习者需求的获取方面，传统的学习者需求的获取主要是通过问卷调查模式获取学习者对课程的需求信息，如：Gregori 等(2018)、黄秀玲(2018)采用通过在线问卷的方式对学习者对在线课程的需求情况进行了调查，发现：学习支持服务、辅助性资料、课程教学设计等为学习者所关注的需求主题。但该模式也存在调查规模难以控制、样本选择缺乏代表性、不能完全反映学习者的需求等问题。如：张艳艳(2019)发现在目前的学习者问卷调查中会出现样本选择缺乏代表性的问题，再加上一些调查者填写问卷不规范，导致反馈的学习者对课程的需求数据存在较大的误差。Zhu 等(2018)则认为由于受到调查成本的限制，问卷调查模式难以对学习者需求进行实时化的挖掘，无法及时发现学习者需求的变化情况。不同于传统课程，在线课程模式下，学习者会在 MOOC 等在线学习平台上以学习评论的形式留下关于课程学习体验的数据，这些学习评论数据中往往会包含大量的学习者需求信息，如何从这些学习评论数据中有效地提取出学习者需求信息引起了国内外学者的广泛关注。

从广义的角度来看，学习评论也属于在线评论中的一种，相对于在线评论领域的研究，国内外有关学习评论方面的研究尚处于起步阶段。研究主要集中于利用文本挖掘技术从学习评论中提取学习者需求主题和学习评论的情感分析两个领域。

在学习者需求主题提取领域，主要采用LDA(隐狄利克雷分布)模型、TF/IDF(词频/逆词频)等文本挖掘工具与方法从学习评论数据中提取出学习者对在线课程的需求主题。如：田园等(2021)、李梦杰等(2018)运用LDA主题挖掘模型从在线教学评价内容中挖掘学习者的需求，结果发现：教学态度、教学案例、配套练习等为学习者较为关注的需求主题。Jiménez等(2019)、Liu等(2017)、王璐等(2017)将TF/IDF方法与扎根理论相结合，对学习者在MOOC平台上发表的课程学习评论信息进行分析，从中提取了系统特性、视频质量等为学习主关注的需求主题。

在学习评论情感分析领域，学者主要采用情感词典、深度学习等方法对学习评论的整体情感进行分析以确定学习者对课程的满意度。如：张新香等(2020)、欧阳元新等(2020)、王洪鑫等(2021)使用情感词典分析方法对MOOC平台上的学习评论信息进行分析，以度量学习者对课程的满意度。Kastrati等(2020)构建了一个基于弱监督的主题提取和情感分析框架，以分析MOOC在特定方面表达的情感极性。Chen等(2020)开发了一种协同训练的半监督深度学习模型SSDL，解决了传统深度学习依赖大规模标记训练数据的问题，并利用该模型对MOOC评论帖子进行了情感分类。

### 2. 学习者需求挖掘领域研究述评

综合上述文献可发现：①以问卷调查模式为主的学习者需求提取方法存在着调查规模难以控制、样本选择缺乏代表性、不能完全反映学习者的需求、难以发现学习者需求变化情况。②在线环境下，通过对学习评论进行文本挖掘以获取学习者需求的模式逐渐引起学者们的关注。③当前学习评论挖掘的研究主要关注学习者需求主题的挖掘以及学习评论整体情感的分析，而对于涉及不同需求主题时的细粒度情感与评论整体情感之间关系的研究相对较为鲜见。而这恰恰是对学习者需求进行分类分析的基础。

### 1.2.2 学习者需求分析领域研究现状

#### 1. 学习者需求分析领域研究进展

从本质上看，在线课程是一项面向学习者的在线软件服务，其属于服务产品的概念范畴，KANO 模型是由日本学者狩野纪昭所提出的用于分析用户需求与产品的客户满意度的理论模型，其将用户的需求分为必备型、期望型、魅力型、无差异型等，该模型能够对不同类型的用户需求对用户满意度产生的影响进行分析，目前主要应用于服务设计、服务管理等领域。如：唐娜(2016)在图书馆数字参考咨询服务质量的评价中引入了 KANO 模型。Zhao 等(2021)基于 KANO 模型设计调查问卷，对天津市门诊患者对智慧门诊服务的满意度和期望进行调查，并将各类期望所归属的 KANO 类型进行了划分。余森林等(2022)通过提炼用户对办公桌的功能需求点，并根据功能需求点编制收集 KANO 问卷，借助 KANO 评价结果对功能属性进行筛选与归类，对办公桌进行功能改进设计，以此提高用户体验与满意度。

由于在线课程属于广义上的服务型产品，所以，近年来国内外部分学者将 KANO 模型引入在线课程的学习者需求分析领域，如：白倩等(2019)利用 KANO 模型开展 MOOC 学习者对学习支持服务的需求调查；赵清华等(2019)通过 KANO 问卷分析了用户在线付费教育行为的主要影响因素；Bae 等(2019)通过 KANO 问卷对在线教育中影响学习者满意度的因素进行了分析。

#### 2. 学习者需求分析领域研究述评

综合上述文献可发现：①不同类型的需求对在线课程学习者满意度的影响是不同的，采用 KANO 模型可以对各种类型的学习者需求对在线课程学习者满意度的影响进行分析。②白倩等学者的研究主要是基于 KANO 模型的思想设计出相应的 KANO 问卷，然后通过问卷调查的方式对学习者的需求进行分析。而将 KANO 模型与学习评论数据相结合对学习者的需求进行分析研究较为鲜见，这为本书的开展留出了空间。

### 1.2.3 在线课程迭代领域研究现状

#### 1. 在线课程迭代领域研究进展

迭代这一概念起源于数学和计算领域(李法勇等，2014；陆胜蓝，2021)。迭代的基本思想就是重复应用一个过程，以逐步逼近目标。该思想被学者及企业界引入互联网领域进行产品/服务开发创新过程之中，形成了产品/服务迭代的概念，即一项产品/服务在经历反复多次微小的迭代改进之后，最终会形成较大的产品/服务创新。如：李昂等(2019)、王克勤等(2019)验证了在线评论对产品迭代的有用性，运用在线评论数据对迭代前后的产品进行客户情感分析，分析了产品迭代前后的客户满意度的变化情况。由于在线课程也属于互联网产品/服务的概念范畴，所以，近年来，学者们开始将产品/服务迭代的思想引入在线课程的质量建设之中，如：李海峰等(2020)利用三轮迭代实验解决了翻转课堂中深度学习难以持续的问题。徐亚倩等(2022)针对在线课程，从联通主义6个维度出发，提出了20条课程迭代改进策略。

能力成熟度模型(CMM)是由卡内基梅隆大学软件工程研究所提出的软件开发认证模型，其将软件的开发定义为初始级、已管理级、已定义级、定量管理级和优化级等五个等级，该模型能够对软件迭代改进过程进行评估。由于CMM模型能够对迭代过程进行评估，有学者将其引入产品/服务的迭代评估之中，如：殷复鹏等(2019)将CMM模型引入模具的迭代开发过程之中。而关于运用CMM模型对在线课程的迭代改进效果进行分析的研究则较为鲜见。

#### 2. 在线课程迭代领域研究述评

综合上述文献可发现：①当前已有部分学者将迭代的思想引入在线课程的建设之中，但关于在线课程迭代改进的量化分析方面的研究较为鲜见。②由于在线课程属于广义上的软件，因此，运用CMM模型对在线课程迭代改进进行分析具有较好的理论可行性，而当前关于运用CMM模型对在线课程的迭代改进进行量化分析的研究较为鲜见，这为本书的开展留出了空间。

### 1.2.4 在线课程质量提升领域研究现状

#### 1. 在线课程质量提升领域研究进展

当前关于在线课程质量提升的研究主要分为质量标准驱动在线课程质量提升和学习者需求驱动在线课程质量提升两种模式。其中，在质量标准驱动模式下，在线课程的质量提升主要由相应的课程建设质量标准所驱动，如：李爽等(2020)依据全国信息技术标准化技术委员会于2018年发布的在线课程质量标准《信息技术-学习、教育和培训-在线课程》，从课程设计、课堂实施运行两个维度构建了MOOC等在线课程的质量提升路径。Martin等(2016)则基于《MOOC质量设计保障标准》从教学设计、使用者界面、学习与交流工具等方面提出了在线课程质量提升策略。虽然质量标准模式构建出在线课程质量提升路径具有较好的规范性，但陈永平等(2020)也发现该模式存在专家认知与学习者认知之间存在偏差的问题，即在线课程质量标准是由专家主导构建的，而学习者与专家在知识结构上存在一定的差异，这导致质量标准驱动模式构建出在线课程质量提升路径与学习者对课程的质量诉求之间存在一定的偏差。

需求驱动模式则认为在线课程应该以学习者为中心开展课程建设，根据学习者的需求来构建课程质量提升路径。如：蒲秋钰(2022)对影响学习者满意度的课程质量因素进行了分析，并在此基础上提出了在线课程质量提升策略。然而，从本质上看，在线课程是基于互联网的面向学习者的在线教育服务型产品。而从服务型产品的角度来看，服务型产品质量的提升主要由产品技术质量属性上的改进所驱动，而非由客户需求所直接驱动。即：单纯依靠学习者的需求难以有效驱动在线课程质量的改进，只有将学习者需求转化为课程的关键技术质量属性才能有效引导课程质量的提升。

质量功能展开(quality function deployment，QFD)是由日本质量专家赤尾洋二等学者提出的一种能够有效地将客户需求转化为产品或服务的技术质量属性的质量管理方法。其被广泛应用于服务型产品质量管理领域，如：张超等(2020)将QFD模型应用于远程医疗平台，改进了用户界面和响应时间等关键质量属性，提升了远程医疗平台的服务质量。杨方燕等(2017)的工作则展示了QFD方法如何帮助旅游业提升顾客满意度和服务体验，通过细化旅游产品的各个方面，如住宿和交通服务的质量，实现了整体旅游产品质量的显著提升。由于在线课程具有服务型产品的特性，部分将 QFD 模型引入在线课程的质量提升的实践之中，如：杨晓宏等(2019)将问卷调查模式与 QFD 方法相结合对在线课程的质量进行了改进。然而，杨晓宏等的研究主要采用 QFD 方法确定课程价值主体的需求权重，而较少关注如何将学习者需求转化为课程的关键技术质量属性这一在线课程质量提升过程中的关键问题。

#### 2. 在线课程质量提升领域研究述评

综合上述研究文献可发现：①在线课程的质量提升，从本质上看，是由其关键质量属性的改进所驱动，并非由学习者的需求直接驱动。②质量标准驱动模式虽然是从产品设计开发的角度出发对在线课程的质量进行改进，但其存在着专家认知与学习者认知之间存在偏差的问题。③QFD 方法能够将用户需求转化为产品关键技术质量属性，从而驱动产品质量的提升，该方法已引起了在线课程研究领域学者们的关注，但 QFD 在在线课程质量提升领域的应用研究尚处于起步阶段。④当前关于采用 QFD 方法对在线课程进行质量提升的研究主要是集中于采用 QFD 方法与问卷调查方法相结合对学习者的需求进行分析方面，而较少关注如何采用 QFD 方法将从学习评论数据中挖掘出的学习者需求转化为课程的关键技术质量属性这一在线课程质量提升过程中的关键问题。这为本书的开展留出空间。

### 1.2.5 在线课程形象感知领域研究现状

#### 1. 在线课程形象感知领域研究进展

在线课程的建设过程是一个长期的质量持续改进的过程，课程在学习者中形成品牌，是课程建设的重要目标之一，也是课程建设者对课程进行持续质量改进的动力源泉。认知-情感-整体模型是用于分析产品的品牌形象形成过程的理论框架模型，其品牌形象形成过程是一个消费者首先对产品的属性产生认知，然后在此基础上对相关的产品/服务属性形成情感，最后对产品形成整体感知形象的过程。该框架被广泛应用于旅游等服务型产品的品牌形象建设实践之中，如：皮瑞等(2017)采用内容分析法和扎根理论对少林寺旅游认知、情感形象进行研究，并用游客的星级评价分析少林寺的整体形象；李勇(2021)等采用词频分析、主题分析和情感分析等方法分别对遗产旅游的认知、情感和整体形象感知进行研究。由于在线课程具有服务型产品的特性，所以，运用认知-情感-整体模型对在线课程形象的塑造过程进行分析具有较强的理论可行性。

然而，当前关于在线课程形象的研究尚处于起步阶段，从认知-情感-整体视角对在线课程的形象的塑造的研究较为鲜见，仅部分学者从学习者对课程的认知或学习者对课程的情感等某一个侧面展开研究。如：在学习者对课程的认知方面，王锐、张文丽、刘清堂等运用文本挖掘技术从学习评论数据中提取出学习者对课程的质量认知主题；在学习者对课程的情感分析方面，Li、吴华君等运用情感分析技术对学习者吴华君等采用情感挖掘技术对学习者对在线精品课程的情感进行了分析，并从其中的负向评论中提取了学习者关注的主题。

**2. 在线课程形象感知领域研究述评**

综合上述文献可发现：①采用认知-情感-整体框架对在线课程品牌形象的形成过程进行分析具有较强的理论可行性。②鲜见地从认知-情感-整体多个维度出发对整个课程形象形成过程进行研究，这些为本书的开展留出了空间。

## 1.3　在线课程质量迭代改进及课程形象塑造中的关键问题、解决思路

### 1.3.1　拟解决的关键问题

本书的核心目标是对在线课程的学习者需求进行分析，促进课程质量的迭代改进及品牌形象的构建，研究拟解决以下关键科学问题：①学习者对在线课程的需求有哪些？这些需求分别属于什么类型？②对于非一流课程而言，对标一流课程，如何将学习者的需求转化为在线课程的关键技术质量属性以驱动课程质量的提升？③对于一流课程，如何通过不同时期的学习评论的情感变化对其迭代效果进行量化分析？④在线课程学习持续学习意愿是如何形成的？⑤学习者对在线课程的形象感知是什么？课程形象如何塑造？

### 1.3.2　研究框架

本书的研究内容主要分为五个部分：①基于 LDA 及 KANO 模型的在线课

程学习需求分析；②基于 QFD 的非一流课程的质量提升路径设计；③基于成熟度模型的一流课程质量迭代效果测度；④基于手段-目的链的学习者持续学习意愿分析；⑤基于认知-情感-整体框架的在线课程形象感知分析。本书的内容框架如图 1-1 所示。

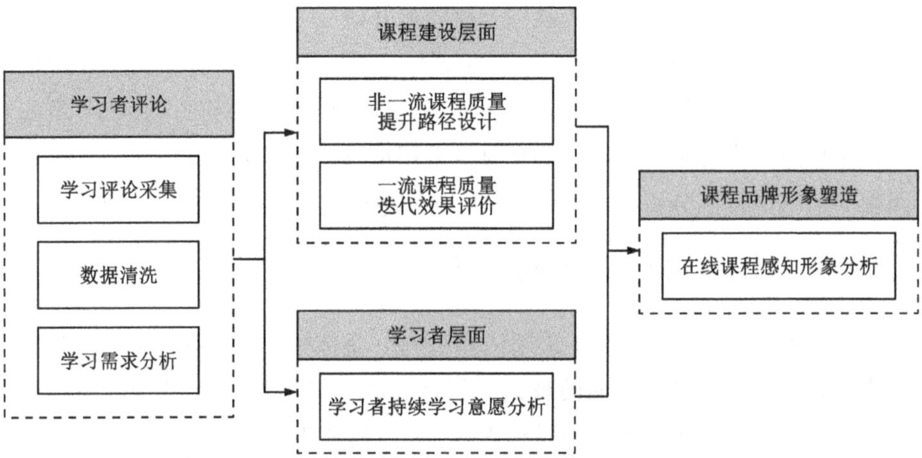


**图 1-1　研究内容框架图**

### 1.3.3　研究内容

本书共分为八章，各章的主要内容安排如下：

第 1 章导论。主要通过对国内外学者在在线课程学习者需求挖掘、学习者需求分析、在线课程迭代、在线课程质量提升以及课程形象塑造等相关领域的研究文献进行梳理，掌握国内外相关领域的最新研究的进展与不足。以此引出本书的主要研究框架，厘清研究内容、研究方法、技术路线之间的关系，为后续章节奠定基础。

第 2 章相关理论基础。主要对本书中涉及的学习者满意度理论、文本挖掘理论、KANO 模型、QFD 质量屋、手段-目的链理论、认知-情感理论等在线课程质量迭代及课程品牌塑造过程中涉及的基本理论进行介绍，为后续章节研究的开展奠定理论基础。

第 3 章基于 LDA 及 KANO 模型的在线课程学习需求分析。学习评论数据中蕴含大量能够反映学习者对课程的需求信息，这些需求可分为多种类型，不同类型的学习需求对学习者的情感影响是不同的。因此，采用 LDA 文本挖掘技术从学习评论中提取出学习者关注的需求主题，然后根据 KANO 模型的思想，将学习需求主题划分为必备型、期望型和魅力型三种类型，根据各学习需求主题在好、中、差评等不同情感类型的评论中的分布情况，构建出 KANO 隶属度函数，进而确定各学习需求主题所属的 KANO 类型。在此基础之上，根据涉及各学习需求主题的细粒度情感，计算出各学习需求主题的重要度。

第 4 章基于 QFD 的在线课程质量提升路径设计。在第 3 章获得学习需求主题及其重要度的基础之上，以国家一流线上课程为对标对象，以非一流课程为研究对象，引入 QFD 质量屋方法，以学习需求及其重要度为左墙，以参考国家线上课程质量标准确定的在线课程技术质量属性为天花板，以学习需求与课程的技术质量属性之间的关系矩阵为房间，以课程的技术质量属性重要度为地板，构建出非一流线上课程质量提升的 QFD 质量屋。最后，分自然科学与人文社科确定不同类型非一流课程的质量提升路径。

第 5 章基于能力成熟度模型及云模型的在线课程质量迭代效果评价。鉴于国家一流线上课程的质量迭代缺少对标对象的问题，在第 3 章获取的学习者需求的基础之上，参考能力成熟度模型，构建出一流课程线上课程质量迭代改进评价指标，运用云模型对自然科学一流线上课程和人文社科类一流线上课程在不同建设时期涉及各个指标的学习者情感的变化情况进行量化分析。

第 6 章基于手段-目的链的在线课程学习者持续学习意愿分析。以手段-目的链模型为理论分析框架，采用 TF-IDF 算法从学习评论中提取概念范畴，构建出总体含义矩阵，据此形成学习者在线学习的价值层次图，从而确定学习者持续学习意愿的形成路径。运用基于关联频数及情感指数的路径重要性度量方法确定各路径的重要度，在此基础之上确定学习者持续学习意愿的关键路径。

第 7 章基于认知-情感-整体的在线课程感知形象分析。以认知-情感-整体模型为理论分析框架，采用语义网络、情感分析等方法，从学习者对课程的认知形象、情感形象及整体形象三个维度出发，分别对自然科学、人文社科类国家一流线上课程的课程形象形成过程进行分析，并提出自然科学、人文社科类在线课程的课程形象提升策略。

第 8 章总结与展望。对全书进行总结与分析，指出本书的主要学术贡献以及主要创新之处，以提出有待进一步研究的问题与方向。

## 1.4 研究方法与技术路线

### 1.4.1 研究方法

本书在研究中，主要使用了LDA文本挖掘技术、KANO模型、QFD质量屋、能力成熟度模型、云模型、手段-目的链模型等方法对在线课程学习者需求的提取、非一流课程质量提升路径的设计等关键科学问题进行研究。

#### 1. LDA文本挖掘技术

由于不同的学习者在学习评论中表达相同的需求时并不一定会采用相同的词语，因此，采用LDA文本挖掘技术从学习评论数据中提取学习需求主题。采用LDA文本挖掘技术从学习评论数据中抽取学习者对课程的认知主题。

#### 2. KANO模型

由于不同的学习者对学习者的满意度是不同的，因此，借鉴KANO思想，根据涉及某个需求时的细粒度情感以及评论的整体情感，将学习者需求分为必备型需求、期望型需求和魅力型需求三种类型。其中：必备型需求具有当该类型的需求未得到满足时，学习者对课程的不满意程度会提高，但该类型需求被满足时，学习者的满意度并不会提高的特点；期望型需求具有该类型需求被满足时学习者的满意度会提高，当该类型需求不被满足时学习者的满意度将降低的特点；魅力型需求具有该类型需求被满足时学习者的满意度会得到提升，当该类型需求不被满足时学习者的满意度并不会下降的特点。

#### 3. QFD质量屋

针对单纯的学习者需求难以有效驱动在线课程质量提升的问题，以国家一流线上课程为对标对象，采用QFD方法构建出非一流课程质量提升的质量屋，将学习者的需求转化为课程质量提升关键技术质量属性，进而确定自然科学、人文社科类非一流线上课程的质量提升路径。

#### 4. 能力成熟度模型

针对国家一流线上课程质量迭代效果评价缺少对标对象的问题，将能力成熟度模型与学习者需求相结合，确定国家一流线上课程质量迭代效果评价指标。

#### 5. 云模型

针对能力成熟度模型将课程划分为优化级、质量管理级等若干等级所带来的评价结果的等级性以及学习者涉及各指标时的评语的模糊性，采用云模型对课程在不同时期学习者关于各个指标上评语情感的变化情况进行量化分析，进而完成对国家一流课程质量迭代效果的评价。

#### 6. 手段–目的链模型

由于学习评论文本中往往包含着学习者所关注的课程质量特性、学习者的情感以及学习者的价值取向等多个维度多个层次的信息，因此，将手段–目的链理论与文本挖掘技术相结合，从学习评论数据中确定学习者持续学习意愿的形成路径，为课程形象的塑造奠定基础。

#### 7. 认知–情感–整体模型

由于学习者课程形象的构建是一个学习者对课程的部分质量属性产生认知到对整个课程形成印象的过程，因此，本书采用认知–情感–整体框架对课程的学习者形象的塑造过程进行分析。

### 1.4.2　技术路线

本书综合运用 LDA 文本挖掘技术、KANO 模型、QFD 质量屋、能力成熟度模型、云模型、手段–目的链模型、认知–情感–整体模型等理论与方法对学习需求挖掘、非一流线上课程质量提升路径的构建、一流线上课程质量迭代效果测度、在线课程形象塑造等在线课程质量迭代改进及课程形象构建过程中的关键问题进行了研究，具体技术路线如图 1–2 所示。

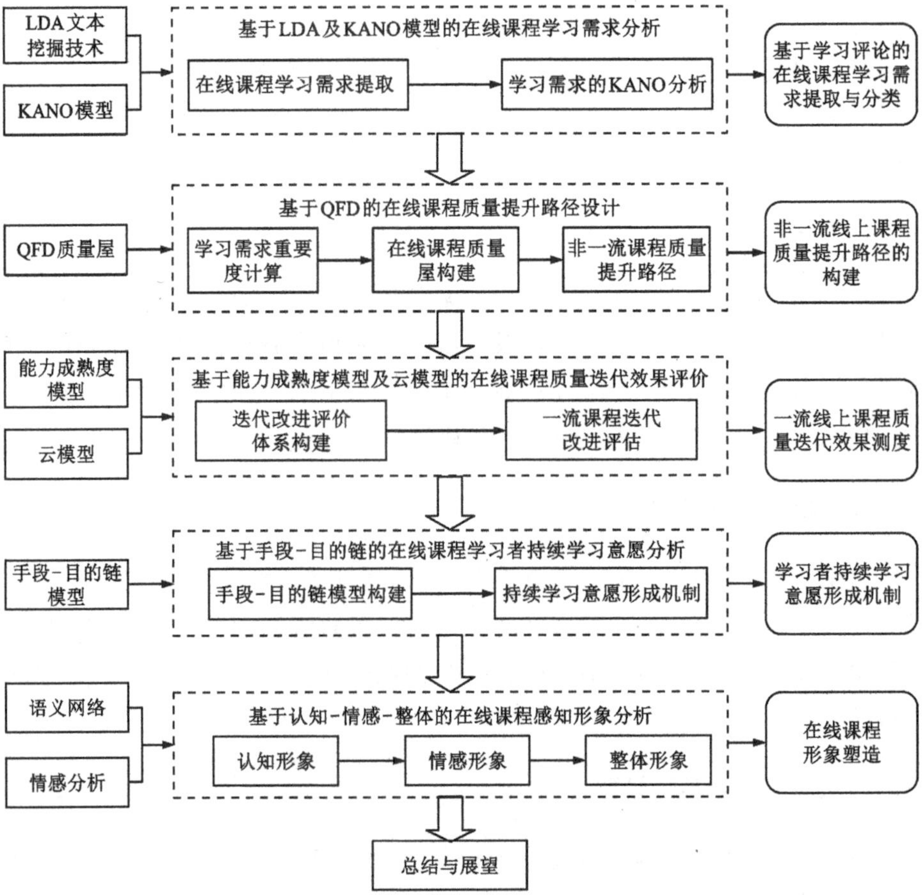
LDA文本挖掘技术
KANO模型
基于LDA及KANO模型的在线课程学习需求分析
在线课程学习需求提取
学习需求的KANO分析
基于学习评论的在线课程学习需求提取与分类
QFD质量屋
基于QFD的在线课程质量提升路径设计
学习需求重要度计算
在线课程质量屋构建
非一流课程质量提升路径
非一流线上课程质量提升路径的构建
能力成熟度模型
云模型
基于能力成熟度模型及云模型的在线课程质量迭代效果评价
迭代改进评价体系构建
一流课程迭代改进评估
一流线上课程质量迭代效果测度
手段-目的链模型
基于手段-目的链的在线课程学习者持续学习意愿分析
手段-目的链模型构建
持续学习意愿形成机制
学习者持续学习意愿形成机制
语义网络
情感分析
基于认知-情感-整体的在线课程感知形象分析
认知形象
情感形象
整体形象
在线课程形象塑造
总结与展望

图 1-2　技术路线图

# 第 2 章

# 相关理论基础

## 2.1 在线课程质量标准

“质量标准”一词最早来自生产领域，是指特定机构制定以保证产品生产、检验和质量评定的重要依据(谭璐等，2013)，之后被人引用到教育领域中。关于课程质量标准的定义，学界达成了统一认识，认为课程质量标准是课程教学的科学依据、行动指南和所要达到的目标，也是衡量课程建设质量的重要手段。因此，在线课程作为当代教学的主要形式，建立具有在线课程自身特征的课程质量标准同样具有至关重要的作用，这主要体现为如下三点：一是为课程教学人员等提供明确的教学指导，为在线课程建设指明方向。二是有助于课程建设及教学管理相关人员根据课程建设标准持续不断改进课程建设质量。三是通过建立在线课程的质量标准，保障并提升在线课程的教学质量，让在线课程得到公众的认同，增强在线课程教学的说服力。

通过阅读在线课程相关的文献资料可知，目前国外十分受关注的在线课程质量评价标准主要有美国的质量框架(quality framework)和欧洲的开放教育质量基准(The Open up Ed Quality Standards)，众多在线课程研究者和在线课程平台管理者将美国的质量框架和欧洲的开放教育质量基准进行在线课程质量建设评价与研究，因此有必要了解上述在线课程的质量标准。

美国的质量框架由 Maryland 在线联合组织开发，是美国最流行且应用最广泛的课程质量保障框架之一。该质量标准迄今为止已经经历了四次修订，现今的在线课程质量标准主要包含8个一级指标，分别为课程概述和简介、学习目标、评估与测评、教学资源、学习互动与参与、课程技术、学习者支持和可访问性，具体指标内容如表2-1所示。

**表2-1 QM网络课程质量标准**

| 指标 | 内涵 |
| --- | --- |
| 课程概述和简介 | 向学习者准确说明课程如何学习、在哪获得课程资料<br>向学习者说明课程目标与结构<br>网上讨论、电子邮件等其他交流方式的规范与要求<br>学习者应遵守的课程、院校政策或提供政策网址<br>提供最低技术的要求和使用说明<br>说明必备的学科知识与能力要求<br>明确对学生技术能力的最低要求<br>适当的教师个人简介<br>学生在班级中需做自我介绍 |
| 学习目标 | 明确且清楚的课程学习目标<br>单元学习目标与课程总目标一致且明确和清楚<br>学习目标以学习者角度来描述<br>明确学习目标与课程活动之间的关系<br>学习目标与课程水平一致 |
| 评估与测评 | 评估规定的学习目标，并与课程活动和资源相一致<br>明确课程的评分细则<br>制定具体可描述的标准以评估学生的学习，并与课程评分细则相关联<br>评估工具有序、多种且适合学习者<br>为学生提供衡量学习进度的多种机会 |
| 教学资源 | 有利于完成课程目标和单元目标<br>明确教学资源的目的并解释如何在学习中使用教学资源<br>正确引用课程中使用的资源和资料<br>教学材料是当前的<br>提供课程内容中的多个观点<br>对必选和选学的不同教学资源进行说明 |

**续表 2-1**

| 指标 | 内涵 |
|---|---|
| 学习互动与参与 | 有利于实现规定的学习目标<br>学习活动为学生主动学习提供互动机会<br>明确教师课程答疑和作业反馈时间<br>明确学生之间和师生之间互动要求 |
| 课程技术 | 为实现学习目标提供支持<br>课程工具和媒体利于学生主动学习和积极参与<br>整个在线课程导航应符合逻辑、一致且有效<br>学生容易获得课程所需的技术<br>课程技术是最新的 |
| 学习者支持 | 课程说明对技术支持和如何获取技术支持<br>课程说明要阐明或链接到可访问的政策或服务<br>课程说明对院校学生支持的服务和资源怎样帮助学习者成功学习以及学生如何能够获取服务<br>课程说明对院校学生支持的服务并解释如何帮助学生获取成功和学生怎样获取资源 |
| 可访问性 | 课程导航简单、方便和实用<br>为课程需要的各种内容提供准入信息<br>课程为不同学习者提供多种课程资料<br>课程设计可读性强且不会分心<br>课程设计与辅助技术相适应 |

欧洲的开放教育质量基准由欧洲远程教育大学联合会(EADTU)牵头并负责，是欧洲 11 个国家于 2013 年共同制定的在线课程教育质量评价基准。其建立在线课程质量基准的目的是在欧盟在线课程平台上开设在线课程的各院校使用该评价方法进行在线课程的自我评估，并通过与同行院校进行协作对比，达到促进在线课程质量提高的效果。现如今，欧洲的开放教育质量基准已经成为各院校在线课程加入欧洲 OpenupEd 在线课程平台的准入条件。换句话说，这意味着只有通过审查并出示证明才能在 OpenupEd 平台开设在线课程。欧洲开放教育质量基准的具体内容如表 2-2 所示。

**表 2-2　欧洲开放教育质量基准**

| 指标 | 内涵 |
| --- | --- |
| 战略管理 | 与在线课程参与者具有服务关系，以处理包含访问性与数据保护方面的伦理和法律问题<br>规范活动中的协作和合作角色、操作协议合理、政策包含知识产权和公开许可问题<br>拥有国家框架下的质量政策，在线课程应在遵循此政策情况下发展 |
| 课程体系设计 | 明确主流课程与在线课程组合的关系<br>提供除学生认知能力、关键/转换技能、专业、实践技能的发展 |
| 课程设计 | 提供与在线课程组合保持一致的模板且灵活适用于教学和学习方法，包含预期学习成果、利益相关者定期检查、更新、反馈与改进课程资料<br>具有在线课程组合特定的开放许可和追溯产权的机制 |
| 课程传递 | 在线课程平台可靠、安全，确保隐私，具有系统维护、监测和审查功能<br>在线课程平台可提供一系列适合教学模式的在线工具<br>具有用定性与定量方法监控和评估在线课程的机制 |
| 教职人员支持 | 对教职人员提供适当培训、发展在线开发所需要的技能在线学习的教育研究与创新占据重要地位、具有传播实践机制提供充足资源和充分的支持、适当分配在线课程员工管理工作 |
| 学生支持 | 为学习者提供明确且最新的课程信息，包含课程目的与目标、学习方法与考核方式、工作量和必备的知识，如果可能，课程应该在国家或欧洲学术框架下规定<br>明确在线课程学习者的权利、角色和责任<br>在在线课程学习者中通过社交网络建立学术团体<br>在线课程学习者具有明确学习思路、技术和管理支持，机构提供不同规范支持 |

通过对以上国外在线课程的质量标准进行梳理，本书认为课程质量是一种通过持续完善与提升的过程所体现出的课程品质，是课程价值的体现。在研究课程质量时，不应仅限于静态特征的考量，例如课程计划、课程内容、视频资源等(吕红，2009)。特别是针对在线课程，其质量受到多方面因素的影响，包括内容、教师、平台、学习者等因素。由于在线课程的教学对象是人，存在多

个可变因素，因此，在衡量在线课程质量时，不仅要关注课程的静态特征，还应全面考量教师教学过程、学习者学习过程以及平台交互过程等动态特征。在线课程质量的最终体现，是在全面衡量这些静态和动态特征后所表现出的课程价值。

## 2.2　文本挖掘理论

### 2.2.1　LDA

隐含狄利克雷分布(latent dirichlet allocation，LDA)是一种生成文档主题的模型，也是一种主题挖掘模型，由 Blei 等(2003)在结合狄利克雷(Dirichlet)词分布与 PLSA(probabilistic latent semantic analysis，概率隐含语义分析)分布后提出。从文本分析的角度出发，文本语料库中的主题可以视为语料中术语的概率分布，或是这些术语定义权重的聚集体。线性判别分析(LDA)模型基于这样的假设：文档由多个主题构成，这些主题根据一定的随机概率分布生成，每个主题又由若干词语按照概率随机组合而成。因此，一个文档可以被视为不同概率主题的聚合，而每个主题则是由不同概率词语组成的集合。LDA 模型还基于一个关键的假设——“可交换性”(exchangeability)[或称“词袋”(bag-of-words)]假设。这一假设认为，词语在文档中出现的先后顺序对于分析来说不具备决定性意义，其更多地与词语频率相关联。

具体来说，LDA 主题模型在生成文档时的主要流程如下：

①$\alpha$ 随机生成一个文档主题对应的多项式分布 $\theta$；

②$\theta$ 随机生成一个主题 $z$；

③$\beta$ 随机生成主题词语对应的多项式分布 $\varphi$；

④综合主题 $z$ 与主题对词语分布的情况 $\varphi$ 生成词语 $\omega$；

⑤循环以上步骤，生成一个包含 $M$ 个词语的文档；

⑥最终生成 $k$ 个主题下 $N$ 篇文档。

LDA 主题模型通过逆向工程方法，从具体文档中识别主题并搜索相关词语，实现了对文档生成过程的模拟。该模型主要采用 Gibbs 采样技术对文档中的词语进行抽样，通过多次迭代，精确地揭示了文档中各个主题的分布和相应主题下的词语组成。LDA 主题模型的有效性依托于语料库中词语的共现统计，这些统计信息来自于包含众多文档的大型语料库。在模型应用过程中，LDA 依据概率分布法则，使用联合分布来推断给定观测数据下隐藏变量的条件分布，即后验分布。在此框架下，观测变量为文档中出现的词语，隐藏变量为这些词语所对应的主题。通过这种方式，LDA 能够在文档集合中发现潜在的主题结构，这些结构对文档分类、信息检索及内容推荐系统等领域具有重要意义。其概率图模型如图 2-1 所示。

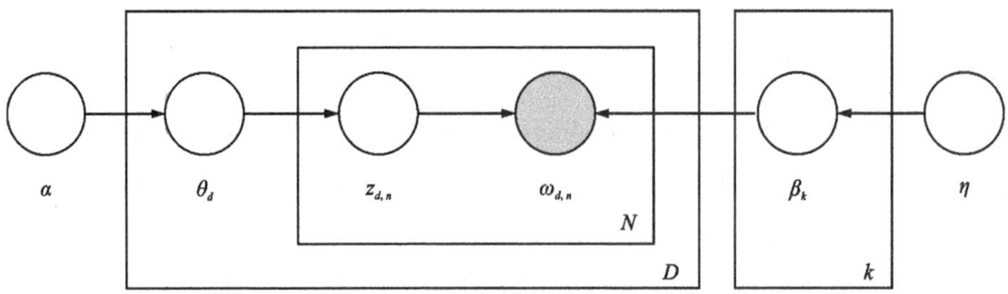


**图 2-1　LDA 模型示意图**

LDA 模型核心由贝叶斯推断组成，并由文本、主题、单词三层生成贝叶斯概率。在 LDA 的生成过程中对应的观测变量与隐藏变量联合分布式如式(2-1)所示：

$$\rho(\beta_{1:k},\ \theta_{1:d},\ \omega_{1:d}) = \prod_{i=1}^{k}\rho(\beta)\prod_{d=1}^{D}\rho(\theta_d)\left[\prod_{n=1}^{N}\rho(z_{d,n} \mid \theta_d)\rho(\omega_{d,n} \mid \beta_{1:k},\ z_{1:d})\right] \tag{2-1}$$

公式(2-1)中随机变量的依赖性由连乘符号来描述。其中，$\beta$ 表示主题，$\theta$ 表示生成主题的概率，$z$ 表示在特定文档或词语中的主题，$\omega$ 表示词语。$\beta_{1:k}$ 表示所有主题的集合，$\beta_k$ 表示第 $k$ 个主题中词的分布。$\theta_d$ 表示第 $d$ 个文档内该主题所占比例，其中 $\theta_{d:k}$ 表示在第 $k$ 个主题中第 $d$ 个文档中的占比。$z_d$ 表示第 $d$ 个文档所包含的主题集合，其中 $z_{d,n}$ 是第 $d$ 个文档内第 $n$ 个词属于的主题。第 $d$ 个文档内的所有词的集合写作 $\omega_d$，其中 $\omega_{d,n}$ 是第 $d$ 个文档内第 $n$ 个词。$\rho(\beta)$ 代表从集合内选取一个特定的主题，$\rho(\theta_d)$ 表示主题在该特定文档内的概率，$\prod_{n=1}^{N}\rho(z_{d,n} \mid \theta_d)$ 表示在确定该主题时，其文档中第 $n$ 个词所占的主题概率，$\rho(\omega_{d,n} \mid \beta_{1:k},\ z_{1:d})$ 表示该文档中第 $n$ 个词属于的主题与该词联合的概率。

### 2.2.2 TF-IDF

为了精确获取文本的数字化向量表示，必须提升能够突显文本特征的词项权重，并相应降低那些不显著的词项权重。在信息检索与数据挖掘领域，TF-IDF 算法(词频-逆文档频率算法)是一种广泛采用的加权方法，用以量化语料库中词语的重要性。此算法分为两部分：词频(TF，即词语在文本中的出现次数)和逆文档频率(IDF，即通过总文档数除以包含该词语的文档数计算，进而取对数得到，反映了词语的普遍重要性)。根据 TF-IDF 算法，词语的重要性与其在文本中的出现频率正相关，但与其在整个语料库中的出现频率成反比。简而言之，如果一个词在某篇文章中频繁出现且在其他文章中较少见，那么这个词具有较强的分类能力。TF-IDF 算法不仅在文本处理中有着广泛应用，其基本思想也有多种扩展和改进，使其更适应复杂的应用场景。例如，一些研究提出了增加语义分析的方法，通过词义相似度来调整词频的计算，使模型能更好地理解词语间的关联和上下文意义。此外，还有研究通过机器学习方法优化逆文档频率的计算，例如使用支持向量机(SVM)或神经网络来评估词语的重要性，从而提高信息检索的精确度和文本分类的效果。

TF-IDF 算法主要由两个公式计算 TF 值与 IDF 值，最后将两值相乘。

TF(词频)：表示词条(关键字)在文本中出现的频率。由文本中词条出现的次数除以总词条的数目得到。其基本运算公式如下：

$$\mathrm{TF}_{ij}=\frac{n_{i,j}}{\sum_k n_{k,j}} \tag{2-2}$$

$$\mathrm{TF}_{\omega}=\frac{\text{在某一类中词条 }\omega\text{ 出现的次数}}{\text{该类中所有的词条数目}} \tag{2-3}$$

IDF(逆文档频率)：某一特定词语的 IDF，可以由总文件数目除以包含该词语的文件的数目，再将得到的商取对数得到。其基本运算公式如下：

$$\mathrm{IDF}_i=\log\frac{|D|}{|\{j: t_i\in d_j\}|} \tag{2-4}$$

TF-IDF(实质上是 TF×IDF)：某一特定文件内的高词语频率，以及该词语在整个文件集合中的低文件频率，可以产生出高权重的 TF-IDF。权重越高，排名越靠前。

$$\text{TF-IDF}=\mathrm{TF}\times\mathrm{IDF} \tag{2-5}$$

## 2.3 KANO 模型

KANO 模型是对用户需求进行分类和优先度排序的有效工具，反映产品性能与用户满意度间的非线性关系。1984 年日本学者狩野纪昭(Noriaki Kano)在《魅力质量与必备质量》中提出 KANO 模型，该模型以分析用户需求对用户满意度的影响为基础，目前被广泛应用于质量管理、产品设计等领域。在 KANO 模型中，产品或服务的质量被划分为必备属性、期望属性、魅力属性、无差异属性及反向属性五类。如图 2-2 所示。

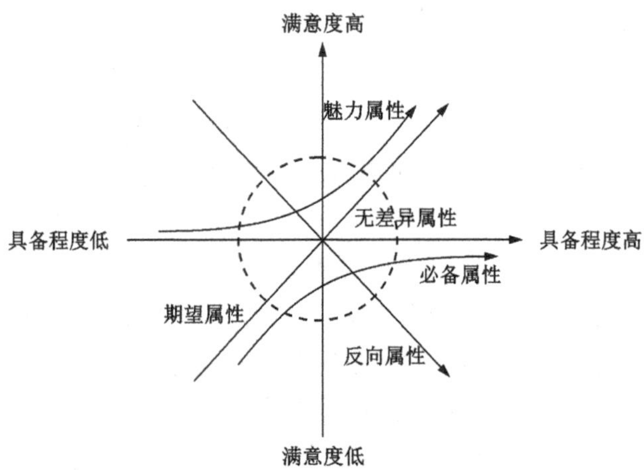


**图 2-2 KANO 模型分布**

图 2-2 中的横坐标代表了某一产品或服务提供给用户的水平，其值从左到右逐渐增加，表示产品或服务的完善程度不断提高；纵坐标则衡量用户的满意度，其值由下向上增长，反映了用户满意度的逐步提升。从 KANO 模型的基本原理图可以看出，每种属性类型都具备满意度的二元性。具体而言，魅力属性在具备时会显著提升满意度，但其缺乏时不会对满意度产生明显的负面影响。期望属性在具备时同样会提高满意度，而其缺乏时则会显著降低满意度。至于必备属性，其具备时不会明显提升满意度，但若缺乏时则会对满意度造成显著的负面影响。因此，每一种属性类型在 KANO 模型中都体现了满意度的二元特性。

(1)必备属性(must-be quality, M):在在线课程的提供或优化中,若某个教学功能或支持服务已相对完善,它对学生满意度的正向影响往往有限。然而,如果这些教学功能或支持服务提供不足或品质较差,学生的不满情绪可能会显著增加。从学生的视角来看,他们将这些必需的功能或服务视为基本需求,这些需求应当得到充分满足。当这些关键属性的功能或服务表现优良时,它们对学生满意度的正面影响较小;相反,如果这些功能或服务缺失或执行不佳,将会引起学生的明显不满。

(2)期望属性(one-dimenssional quality, O):当提升在线课程的某项功能或服务以满足学生需求时,通常会显著增加学生的满意度。相反,如果该功能或服务提供不足或执行标准较低,学生的不满意感会相应增强。因此,在线课程的功能或服务的完善程度与学生满意度之间存在直接的正相关关系;而当这些功能或服务明显缺失时,其对学生满意度的负面影响也较为突出。

(3)魅力属性(attractive quality, A):在设计或改进在线课程时,如果能提供超出学生预期并带来惊喜的学习内容或教学方法,通常会显著提升学生的满意度。例如,引入交互式模拟实验或实时虚拟实习可能会大幅增强学生的学习体验。相反,如果某些预期的教学特性未能达到基本标准,例如视频质量低或互动不足,虽然这可能不会大幅降低学生的满意度,但优化这些基本元素仍然是提高课程质量的关键。在学生的认知中,这些魅力属性的功能或服务是提升满意度的关键因素。理论上,这类特性的引入与学生满意度之间存在正相关关系;然而,如果这些特性缺失,通常不会对学生的满意度造成大的负面影响,因为它们超出了学生的基本期望。这种理解帮助在线教育提供者聚焦于那些能够显著提高学生满意度的独特和创新特性,从而有效地区分和优化课程内容。

在线课程本质上来说也是一种服务产品,KANO 模型也为在线课程质量的提升提供新思路。在在线教育领域,KANO 模型识别了三类核心需求:必备型需求、期望型需求和魅力型需求。必备型需求包括稳定的技术平台和清晰的课程指导,这些是学生的最低期望;如果没有满足,学生的满意度将大幅下降。期望型需求可能涉及课程内容的深度和广度,以及与教师的互动频率,这些需求的满足程度直接影响学生的整体满意度。而魅力型需求可能是创新的教学方法和额外的学习资源,这些能显著提升学生的满意度和学习体验,尽管学生在课程开始前可能并未明确期待这些特性。

通过使用 KANO 模型分析在线课程学习者的学习需求,教育提供者可以识别出那些能显著提高学生满意度的关键课程特性，同时去除或改进那些不满足学生基本期望的方面。这种策略使得在线课程能够持续适应学生需求的变化，从而提高在线课程质量，在竞争激烈的在线教育市场中保持领先优势，让学习者能够更高效学习。

## 2.4 质量功能展开

质量功能展开(quality function deployment，QFD)是一种将顾客需求转化为具体产品或服务设计要求的方法，是一种结构化、规范化的过程。它帮助企业在产品开发过程中更好地理解和满足顾客的需求，从而提高产品质量，增强顾客满意度。该方法最早由日本学者水野滋与赤尾洋二于 1967 年提出，并迅速成为管理产品质量的有效策略。质量功能展开的核心在于将顾客的需求转化为产品的质量特性，确保顾客的关键需求和企业的关键技术能够系统地映射到产品的各个功能组件和过程参数上，以实现符合顾客期望的产品质量。这一过程通过明确“做什么”(即顾客要求)及“如何做”(即质量特性)，来识别关键的质量特性，并将顾客所期望的质量要素融入产品或服务之中。

质量屋作为 QFD 的核心部分，承载着 QFD 的实施基础。这一工具采用直观的矩阵结构框架，有效地支持产品开发过程中从需求到质量特性的转化。具体而言，质量屋是一个将需求与质量特性相对应的二维矩阵表格，为产品设计和改进提供了实用的解决方案，如图 2-3 所示。

### 1. 左墙——质量需求展开

需求分析，亦称为“顾客的声音”(voice of the customer，VOC)的采集，即采用市场调查等方法探究顾客的原始需求，随后对获取的需求进行类别的划分，它是质量功能展开过程中的重要步骤。其中，“顾客”这一术语在此处有着广泛的含义，它不仅指产品的实际和潜在使用者，还包括与产品生命周期紧密相关的各类组织和个体，如管理机构、分销商、生产线上的装配员工、维修技术人员等。

### 2. 天花板——质量特性展开

质量特性是由顾客的需求推演而来的一系列具体的“可测量的”技术质量

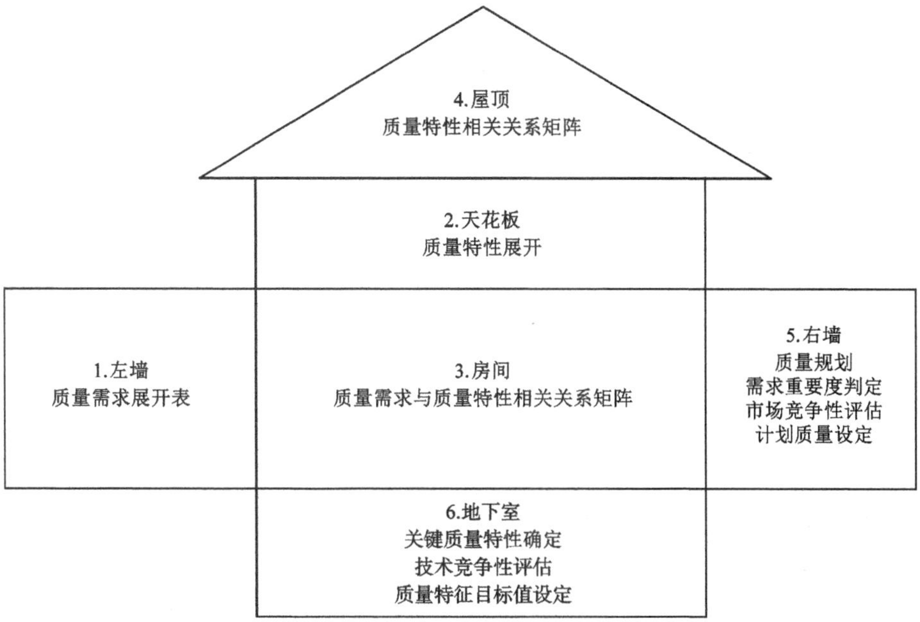


**图 2-3　质量屋示意图**

指标（工程措施），是用标准化的形式表述以满足顾客需求的手段，是对顾客需求的响应。质量特性展开有以下几个步骤：

①从顾客需求的各项目中抽出技术质量特性。

②运用 KJ 法（亲和图法）聚类，将相似的技术指标放在一起，进而归纳出高一级科目，并确定其名称。

③根据聚类结果制定展开表。通过汇总整理，使各项指标的质量特性具体化（一般展开到三级水平，根据技术的复杂程度也可分二级或直接列出）。

技术质量特性的成功展开是满足顾客需求的技术保证，因此必须对准顾客的需求焦点，识别主要的质量要求，测定质量特性，以保证设计改进的成功实施。

### 3. 房间——质量需求与质量特性相关关系矩阵

质量表是质量屋的本体部分，用于描述质量属性对各个质量需求的贡献和影响程度的关系矩阵。在质量屋中，关系矩阵表示为 $\boldsymbol{R}=[r_{ij}]_{nc\times np}$。其中 $r_{ij}$ 是指第 $j$ 个质量特性对第 $i$ 个质量需求的贡献和影响程度，即两者的相关程度，建议采用 1、3、5、7、9 等关系度等级，具体如下：

1 表示质量特性对质量需求有微弱的支持；

3 表示质量特性对质量需求有较弱的支持；

5 表示质量特性对质量需求有中等程度的支持；

7 表示质量特性对质量需求有较强的支持；

9 表示质量特性对质量需求有很强的支持。

根据实际情况必要时可采用中间等级 2、4、6、8，其中 2 介于 1 和 3 之间；4 介于 3 和 5 之间；6 介于 5 和 7 之间；8 介于 7 和 9 之间。也可用“◎”表示强相关、“○”表示一般相关、“△”表示弱相关，其数值分别对应数字 9、3 和 1；空白表示无关系，对应数字 0。

#### 4. 屋顶——质量特性相关关系矩阵

在确定质量特性的基础上，通过专家小组等评估这些质量特性的相关关系，构建不同质量特性的自相关矩阵。在相关矩阵中，这些特性可以表现为正相关、不相关和负相关三种关系，其相关关系强度一般用相应的特殊符号来标识关系的强弱。

#### 5. 右墙——质量规划

该部分为关键质量需求的确定，根据关键顾客质量需求确定顾客需求的重要度，并做比较分析，以确定改进目标以及关键顾客需求。同时，还可以开展市场竞争力的评估分析。

（1）重要度 $K_i$

确定各项顾客需求在顾客心目中的重要程度。这一过程可以通过李克特五点量表进行，要求顾客在调查过程中，根据需求对满意度的影响程度，从 5、4、3、2、1 中选择一个数值作为评价。这 5 个数代表了不同程度的影响：5 表示影响大（非常关注）；4 表示有影响（关注）；3 表示一般（无所谓）；2 表示没有影响（不关注）；1 表示完全无影响（很不关注）。

为提高评估的精确度，可采用层次分析法（AHP）确定各项需求的重要度。

（2）比较分析

比较分析实质上是对企业产品/服务质量满意度的评估。评价也可采用李克特五级量表的五级评分，其分值含义与重要度评级类似，5 表示非常满意，1 表示非常不满意，逐级递减。

(3)改进目标

①改进目标。依据顾客需求的重要度(即认知质量)和比较研究(即感知质量)的评估结果，结合项目目标，确立改进目标。改进目标应体现对顾客需求满足程度的描述，而非直接针对产品质量特性的具体要求。

②水平提高率。计算公式为：

$$水平提高率=\frac{改进目标}{本公司满意度评价} \tag{2-6}$$

③商品特性点。在综合考虑上述因素以及产品质量特性的基础上，设定顾客需求的商品特性点。商品特性点通常用以下符号表示："◎"表示特别重要的商品特性点；"○"表示比较重要的商品特性点；空白表示一般的商品特性点。

(4)关键顾客需求

根据上述内容，先计算顾客需求的绝对权重。计算公式为：

$$绝对权重=重要度(平均)\times水平提高率\times商品特性点 \tag{2-7}$$

其中，商品特性点的"◎"取值 1.5；"○"取值 1.2；空白取值 1。可换算成顾客需求的权值(即关键顾客需求的排序)：

$$权值(Q_j)=绝对权重/各个需求绝对权重之和\times100\% \quad (j=1, 2, \cdots, m) \tag{2-8}$$

(5)市场竞争能力分析

市场竞争能力 $M_i(i=1, 2, \cdots, m)$可用以下 5 个数值来评估：

1 表示无竞争力可言，产品积压，无销路；

2 表示竞争力低下，市场占有份额递减；

3 表示可以进入市场，但并不拥有优势；

4 表示在国内市场竞争中拥有优势；

5 表示在国内市场竞争中具有显著优势，并且能够参与国际市场竞争，占据一定的国际市场份额。

$M_i$ 中的 $i$ 表示项数，通常为本产品现有市场竞争能力、竞争对手(包括国内、国际)的市场竞争能力、产品改进后的市场竞争能力。通过对市场竞争能力的综合评估，可以得到市场竞争能力指数 $M$。市场竞争能力指数 $M$ 的计算公式为：

$$M=\frac{\sum K_iM_i}{5\sum K_i} \tag{2-9}$$

式中：$K_i$ 为重要度。$M$ 的值越大越好。

### 6. 地下室——关键质量特性确定

关键质量特性确定即输出质量设定，是设计的主要标志。准确把握关键质量特性，可以精确地体现产品和服务对顾客需求的满足程度。其过程如下。

（1）特性重要度评价

计算技术质量特性重要度 $h_j$，计算公式为：

$$h_j = \sum K_i r_{ij} \tag{2-10}$$

式中：$r_{ij}$ 为质量表的元素；$K_i$ 为顾客需求重要度。因为特性重要度评价是把“关键顾客需求”向“关键质量特性”变化，故用权值 $Q_i$ 作为顾客需求重要度，此时

$$h_j = \sum Q_i r_{ij} \tag{2-11}$$

$h_j$ 的取值越大，则技术质量特性 $A_j$ 越重要。数值 $h_j$ 最大的技术质量特性列为关键措施。

（2）比较分析

比较分析需要分析各项技术要求的技术水平 $T_j$（技术难度）以及对手的情况。技术水平可分为以下 5 个等级：

1 表示技术水平低下；

2 表示技术水平一般；

3 表示技术达到行业先进水平；

4 表示技术达到国内先进水平；

5 表示技术达到国际先进水平。

通过对技术水平的分析及国内、国际对手的比较，可得到技术竞争能力指数：

$$T = \frac{\sum h_j T_j}{5\sum h_j} \tag{2-12}$$

然后可计算综合竞争能力指数 $C$：

$$C = MT \tag{2-13}$$

$C$ 值愈大，说明竞争力愈强。

## 2.5 手段-目的链理论

手段-目的理论(means-End theory)起源于 1963 年，由著名心理学家 Tolman 首次提出，该理论在心理学领域奠定了重要的基础。该理论的核心在于通过手段-目的链(means-end chain，MEC)探究消费者的认知结构，即从行为科学的角度分析消费者是如何通过购买产品或服务获得个人价值的。该理论认为消费者选择产品或服务的根本动因是产品或服务能够满足他们的个人价值需求，从而将消费者的购买行为与其背后的价值体验紧密联系起来。在此视角下，消费者的终极目标(end)即为追求个人价值的实现，而选择和使用特定的产品或服务(means)则是实现这一目标的手段。

手段-目的链理论不仅深化了我们对消费者行为的理解，也为市场营销提供了一个新的分析维度。通过聚焦于个人价值的实现过程，该理论助力市场营销策略更加精准地针对消费者的内在需求，从而设计出能够触动消费者情感和价值认同的产品。在此基础上，Gutman(1982)年提出了进一步细化的手段——目的链理论和模型，该模型简洁地连接了属性(attributes，A)、结果(consequence，C)及价值(values，V)，简称 ACV 模型，揭示了消费者行为中的三个关键层级：行动目标、直接结果目标和间接结果目标，为理解消费者的复杂行为提供了清晰的框架。

第一层级属性(A)是消费者最初感知到的产品特性，这些特性可能是无形的也可能是有形的，代表了产品最显著的特点。根据这些特性，可以将其划分为抽象属性和具体属性。抽象属性通常带来心理层面的感受，如偏好和观点，并且往往会引发更高层次的结果；具体属性则具有可见性，消费者可以通过这些属性来区分不同产品之间的差异。Schoell 和 Guiltian(1990)指出，在 MEC 模型中，产品属性是消费者可以直接感知到的，并且这些属性既包括无形(intangible)的特性，也包括有形(tangible)的特性。除了产品自身的物理属性外，这些特性还涵盖了包装、质量、品牌和价格等方面。这些属性可以进一步细分为具体属性和抽象属性。具体属性是指那些可以直接观察到的特性，如产品的颜色、形状和尺寸；而抽象属性则需要通过消费者的主观体验来感受，例如产品带来的心理满足感和情感共鸣。Stanton 和 Etzel(1991)进一步强调，产品属性通常具有两种主要特质。一种是外在特质，包括包装、价格、颜色等，这些特质是消费者在购买产品时最先注意到的；另一种是内在价值，例如销售者的服务态度、声音和产品所传达的品牌形象，这些内在价值往往对消费者的购买决策有着深远的影响。产品的第一层级属性是多维度的，包括了可见的具体属性和需要主观体验的抽象属性。了解这些属性有助于企业更好地满足消费者的需求，提升产品的市场竞争力。

第二层级结果(C)指的是消费者在体验某种产品或服务后的主观感受。这种感受源于产品的物质属性，包括生理和心理上的各种影响，并且通过个人未来或后续的行为积累而成，直接或间接地反映出消费者的总体体验。根据Gutman(1982)的研究，这种体验感受可以细分为两种类型：风险和利益，分别对应顾客的消极和积极感受。Peter 和 Olson(1993)进一步阐述了产品结果的两类主要属性：第一类是功能性属性，主要是指产品能够解决饥饿、口渴等基本生理需求；第二类是社会心理属性，指从产品的功能性结果延伸至消费者的社会心理层面，例如提升自信、追求社会地位、满足对未来的期望等。消费行为的结果可能是直接的，也可能是间接的，影响广泛而深远。此外，Rokeach(1973)强调，产品属性必须符合消费者的价值取向。这意味着消费者心中的价值观和他们对利益结果的判断有着密切关系，可能是正面的，也可能是负面的。因此，在研究消费者行为时，有必要特别关注他们的价值取向。消费者对产品的评价不仅仅基于其功能性，还受到其社会心理属性的影响，这种影响贯穿于消费者的整个体验过程，最终决定了他们的满意度和忠诚度。第二层级结果不仅揭示了消费者对产品或服务的直接反应，还反映了更深层次的心理和社会需求。这种多维度的感受和评价体系对企业设计和推广产品有着重要的指导意义，有助于企业更精准地把握市场需求，提高产品竞争力和客户满意度。

第三层级价值(V)指的是消费者所持有的一种持久信念，这种信念认为特定的行为方式或存在状态在个人和社会层面上比其他行为方式或存在状态更为可取。价值是个人追求的最终目的，例如喜悦感、安全感和满足感，并且在选择过程中发挥着核心作用。这个模型试图通过消费者的个人感知来解释为何某些产品或服务能够改善消费者的整体体验。一方面，Gutman(1984)认为，消费者之所以会产生购买行为，是因为他们相信通过使用某种产品可以获得他们所追求的价值。这种价值感驱动着他们的购买决策。另一方面，Rokeach(1973)指出，追求人生价值是一种人类生活中持续存在的信念。由于每个人的信念存在差异，人们对某些行为和生存状态会表现出不同的偏好。价值一般分为功用价值和终极价值。功用价值是指通过某种手段或途径所实现的具体利益，而终极价值则是消费者追求的最终目标。功用价值和终极价值密切相关，消费者通过实现功用价值来最终达到终极价值，并且将终极价值作为其选择的最终目标。这种价值层级关系在消费者的决策过程中起到了至关重要的指导作用，帮助他们在众多选择中找到最能满足其内在需求的产品或服务。

具体来说，手段-目的链理论详细探讨了产品或服务的属性、消费者的行为决策及其个人价值之间的因果连接关系，其具体模型如图 2-4 所示。该理论认为，产品或服务的具体属性通过产生的结果对消费者的生活产生影响，从而满足或强化消费者的个人价值。也就是说，消费者通过使用产品或服务做出的行为决策(方法)，最终实现其所追求的个人价值(目的)。这种理论框架帮助我们更深入地理解消费者的决策过程和其背后的动机。

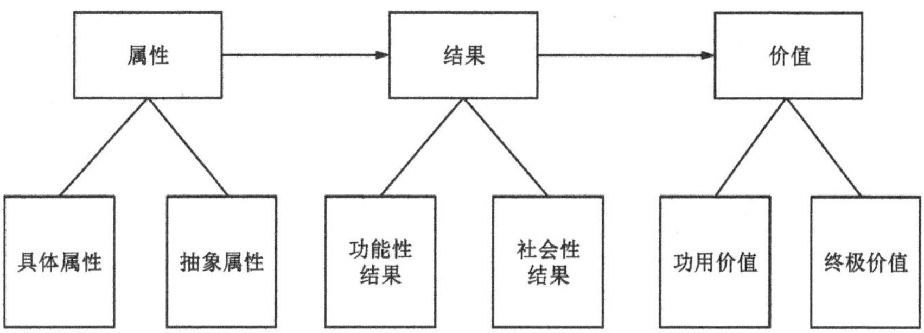


**图 2-4　手段-目的链模式**

Olson 和 Reynolds(1983)在原有的基础上，对属性、结果和价值进行了更为细致的划分，形成了包含三层级和六个子层级的 MEC(means-end chain)理论模型(表 2-3)。他们通过这一模型，进一步详细阐述了消费者从具体的产品属性层级到抽象的价值层级的心理演化过程。这一模型的提出，不仅丰富了消费者行为研究的理论框架，也为理解消费者的决策过程提供了新的视角和工具。

表 2-3　三层级手段-目的链理论模型

| | | |
|---|---|---|
| 属性 | 具体属性 | 服务、品牌、质量、价格等 |
| | 抽象属性 | 由具体属性带来的产品的高级属性，是该产品所有具体属性的总和 |
| 结果 | 功能性结果 | 消费者使用该产品获得的直接结果 |
| | 社会性结果 | 使用产品所带来的社会和心理上的作用 |
| 价值 | 功用价值 | 获得终极价值的过程 |
| | 终极价值 | 通过使用该产品能够获得的最终目标价值 |

手段-目的链的概念模型主要分为动机和认知两种观点。动机视角认为，价值是影响甚至决定消费者动机的重要因素，通常表现为与动机对象相关的积极情感，从而激发对该行为的兴趣。价值通过与对象相关的愉悦或渴望情感体现，进而激发特定的兴趣。因此，价值会影响消费者的决策与行为。实证研究也证明，价值在一定程度上能够影响旅游动机和行为意图。根据这种观点，属性、结果和价值各代表了不同的动机水平。采用手段-目的链理论作为分析框架，有助于更全面地理解个体的动机与价值追求。

## 2.6　认知-情感理论

认知-情感理论最早由心理学家 W. Michel. 和 Y. Shoda 提出，随后被广泛地应用于各个研究领域。研究者认为，个体稳定的人格系统结构是由认知情感单元组成的，这些单元以某种稳定的组织关系相互作用。具体而言，人们需要通过对事物的直接接触才能对事物产生想法和认识，从而激发潜在的情感，并且对事物的认知是产生感情的基础，情感是认知的延伸。在此基础上，Seyhmus 和 Cleary(1999)将消费者形象感知分为认知形象、情感形象和整体形象三部分，即认知-情感模型。认知形象是消费者对产品或服务所形成的内在看法和评价；情感形象则是在认知基础上消费者对产品或服务赋予的情感色彩，它强调的是消费者的心理感受；整体形象则是认知形象和情感形象的总和，它代表了消费者对品牌形象的整体感知。在这一过程中，年龄、教育水平、经济状况、个体偏好等个体因素都会对消费者在认知、情感及整体上的形象感知产生影响。Chiu 等(2016)提出，消费者的认知、情感会显著影响消费者满意度，从而影响消费者忠诚度。认知-情感理论关系如图 2-5 所示。

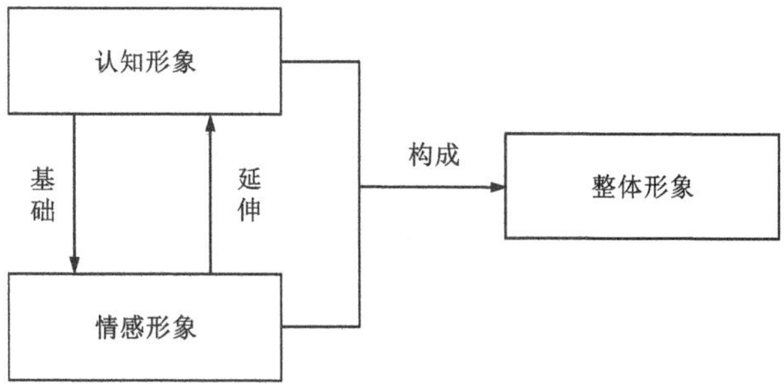


**图 2-5　认知-情感理论关系图**

结合以上研究内容，本书认为认知形象是消费者对产品或服务各方面的认识，情感形象是消费者对产品或服务的情感，整体形象是消费者受认知形象和情感形象互相影响，形成对产品或服务整体的印象与感受。认知形象、情感形象和整体形象三者之间相互影响，认知形象影响消费者初步感知结果，情感评价则在三者之间起着媒介作用。

## 2.7　本章小结

本章主要梳理了在线课程质量的相关概念以及相关的质量标准，并对在线课程质量测度、改进以及课程品牌塑造过程所使用的文本挖掘理论、KANO 模型、质量功能展开(QFD)、手段-目的链理论及认知-情感理论等的基本思想及原理进行了介绍，为后续章节奠定理论基础。

# 第3章

# 基于LDA及KANO模型的在线课程学习需求分析

学习者对在线课程的需求是引导课程进行质量改进的基础，在线环境下，学习者往往会在在线学习平台上留下学习评论，这些学习评论中蕴含着学习者对课程的需求信息。如何运用文本挖掘技术从这些学习评论信息中提出学习者对课程的需求主题？如何对这些需求主题进行分类？这些都是进行有效的课程质量改进的前提，本章主要围绕这两个问题展开研究。

## 3.1 基于LDA的在线课程学习需求的提取方法

学习需求是指学习者在学习过程中为了满足个人发展、生活、生产等需要，所具有的或期望得到满足的特定条件或要求。在在线课程建设与教学实施过程中，关注和了解学习者的学习需求是确保教学有效性和学习成果的关键。通过对学习者的需求分析，教师能够精确地定位学习者的学习动机、兴趣和学习风格，从而不断地调整改进课程内容和教学方法，以最大程度地满足他们的学习期望和需求。

LDA模型能够降低文本向量维度，解决文本中存在的不确定性和噪声问题，实现文本数据快速有效的分析，现已成为主题分析中较为流行的方法。本书运用LDA模型从在线课程学习者的在线评论中提取出学习者对在线课程的关注点，进而从学习者在线评论数据中提取出学习者的学习需求。具体过程如下。

步骤1：采用困惑度算法计算每个主题数目所对应的困惑度，困惑度最小时所对应的主题数目为最优主题数，以此确定评论集的最优主题数。困惑度的计算公式如下所示：

$$\text{perplexity}(D_{\text{test}}) = \exp\left\{\frac{-\sum_{d=1}^{M}\log p(\omega_d)}{\sum_{d=1}^{M}N_d}\right\} \tag{3-1}$$

式中：$M$ 为测试语料库的大小；$N_d$ 为第 $d$ 篇文本的大小（即词的个数）；$p(\omega_d)$ 表示文档中词 $\omega_d$ 产生的概率。

步骤 2：运用 LDA 模型中的词袋算法，对学习者关于在线课程的在线评论进行建模，以概率形式输出学习者对课程的关注主题及特征词，在此基础之上提取出影响学习者的学习需求。

## 3.2　在线课程学习需求的 KANO 分析方法

### 3.2.1　在线课程学习需求的 KANO 类型及在各类学习评论中的分布

KANO 模型是由日本学者狩野纪昭所提出的基于客户需求的客户满意度分析理论。该理论将用户需求分为必备型需求、期望型需求、魅力型需求等不同类型，并认为产品在不同类型需求上的表现情况对用户满意度的影响程度的影响是不同的。在线学习环境下，学习者的满意度主要通过好评或差评的形式呈现：如果学习者对课程较为满意，其对课程给出的学习评论通常为好评；而学习者对课程不满意，其给出的学习评论一般以差评的形式呈现。根据 KANO 模型的思想，若课程在某些因素上表现较好时，学习者会给出好评，但若课程在这些因素上表现得一般或并不太好时，学习者的满意度不会明显降低并给出差评，则这类因素属于魅力型因素；若课程在某些因素上表现较好时，涉及这些因素的学习评论主要以好评形式呈现，若课程在这些因素上表现较差时，涉及这些因素的学习评论主要以差评形式呈现，则这类因素属于期望型因素；若课程在某些因素上表现较差时，涉及这些因素的学习评论主要以差评形式呈现，但课程在这些因素上表现较好时，学习者并不会因此给出好评，则这类因素属于必备型因素。

从上述分析可知：魅力型因素和期望型因素对学习者的满意度的提升起主

要作用，因此，这两种质量因素在好评中出现的概率较大；而必备型因素由于其得到满足后，并不一定使学习者的满意度得到提升，所以其出现在好评中的概率较低。同理，可以发现：在差评中，必备型因素出现的概率较大，而魅力型因素和期望型因素出现的概率则相对较小。在线课程学习者满意影响因素在好、中、差三种评论中的分布大致如表 3-1 所示。

**表 3-1　各类型的学习需求在好评、中评、差评中的分布**

| KANO 类型 | 与学习者满意度之间的关系 | 在三种评论中的分布情况 |
|---|---|---|
| 魅力型需求 | 此类需求被满足时能使学习者感到惊喜。如果在课程学习过程中，课程能够满足学习者的此类需求时，学习者的满意度得到明显提升；如果课程难以完全满足此类需求时，学习者的满意度也并不会明显下降 | 涉及此类需求的学习评论主要以好评形式呈现，其在差评中出现的概率相对较低 |
| 期望型需求 | 此类需求是学习者希望能够得到满足的需求。在课程学习过程中，在线课程能够满足学习者的此类需求时，学习者的满意度会上升。但当课程不能完全满足学习者的此类需求时，学习者的满意度会因此下降 | 此类需求在好评、中评及差评三种类型的学习评论中出现的概率较为接近 |
| 必备型需求 | 此类需求为在线课程应当具备的基本因素。一方面，当课程不能满足学习者的此类需求时，学习者的满意度会急剧下降，会给予差评。另一方面，即使课程在这类需求方面的表现达到学习者的预期时，学习者的满意度并不会因此而大幅提升，并不会因此而给出“好评”评价 | 涉及此类需求的学习评论主要以差评形式呈现，其在好评中出现的概率较低 |

### 3.2.2　在线课程学习需求的 KANO 隶属度构建方法

由于在线课程对不同类型的需求的满足情况对学习者的满意度的影响具有较大的差异，因此，本书借鉴 KANO 模型的思想，将在线课程的学习者学习需求分为必备型因素、期望型因素和魅力型因素三种类型。根据表 3-1 中的各因素与三种评论的对应关系，以及各因素出现在好评、中评及差评中的概率，构建出各因素的 KANO 隶属度函数，从而推断各因素的 KANO 属性。具体过程如下：

第一步：设有 $X$ 个需求主题，分别统计各个需求主题在好评、中评及差评中出现的概率，并按照概率大小进行排序，其公式如下：

$$Rank_i(F_j)=n \quad n\in\{1,2,\cdots,n\},\ i\in\{1,2,3\} \tag{3-2}$$

式中：$Rank_1(F_j)$ 为需求主题 $F_j$ 在"好评"中出现的概率排序序号，$Rank_2(F_j)$ 为需求主题 $F_j$ 在"中评"中出现的概率排序序号，$Rank_3(F_j)$ 为需求主题 $F_j$ 在"差评"中出现的概率排序序号。因素 $F_j$ 在第 $i$ 种类型需求得分分值，可以用下面的公式进行计算：

$$S_i(F_j)=X-n+1 \tag{3-3}$$

式中：$S_1(F_j)$ 为需求主题 $F_j$ 在"好评"中的得分值，$S_2(F_j)$ 为需求主题 $F_j$ 在"中评"中的得分值，$S_3(F_j)$ 为需求主题 $F_j$ 在"差评"中的得分值。

第二步：计算各个在线课程学习者学习需求主题的 KANO 隶属度，从而确定各因素的 KANO 类型。$M_j$、$E_j$、$B_j$ 分别表示因素 $F_j$ 为魅力型因素、期望型因素和必备型因素的隶属度，其计算公式如下：

$$M_j=\lambda[S_1(F_j)-S_3(F_j)] \tag{3-4}$$

$$E_j=\lambda\left\{\max_j|S_1(F_j)-S_3(F_j)|-\frac{1}{2}[|S_1(F_j)-S_2(F_j)|+|S_3(F_j)-S_2(F_j)|]\right\} \tag{3-5}$$

$$B_j=\lambda[S_3(F_j)-S_1(F_j)] \tag{3-6}$$

在公式(3-4)~公式(3-6)中，$\lambda$ 是为了将其调整归一化的结果而引入的调整系数。由于 $M_j$、$E_j$、$B_j$ 可能出现负值，难以比较，因此，利用下列公式将其进行归一化处理：

$$f_M(F_j)=\frac{e^{M_j}}{Z_j} \tag{3-7}$$

$$f_E(F_j)=\frac{e^{E_j}}{Z_j} \tag{3-8}$$

$$f_B(F_j)=\frac{e^{B_j}}{Z_j} \tag{3-9}$$

$$Z_j=e^{M_j}+e^{E_j}+e^{B_j} \tag{3-10}$$

式中：$f_M(F_j)$、$f_E(F_j)$、$f_B(F_j)$分别表示 $F_j$ 为魅力型因素、期望型因素、必备型因素的 KANO 隶属度。在此公式中，$f_M(F_j)$的值越大，表明需求主题 $F_j$ 在好评中出现的概率越大，同时在差评中出现的概率越小；根据表 3-1 的对应关系，$f_M(F_j)$的值越大，则该需求主题属于魅力型需求的概率越大。同理，$f_B(F_j)$的值越大，表明需求主题 $F_j$ 在差评中出现的概率越大，同时在好评中出现的概率越小，则该需求主题属于必备型需求的概率越大。$E_j$ 表示的是需求主题 $F_j$ 在好评、中评、差评中分布的差异性，差异性越小，$f_E(F_j)$的值越大，其属于期望型需求的概率越大。

## 3.3 实证分析

### 3.3.1 评论数据的获取及预处理

#### 1. 数据获取

经过反复考证，为保证样本合理性，本书选取的在线课程数据的依据为教育部官方网站公布的第一批和第二批国家级线上一流课程清单中 MOOC 平台上的人文社科与自然科学类课程，具体课程清单见附件一。使用 Python 编写爬虫脚本来实现爬取 MOOC 平台在线课程评论数据，首先导入 requests、BeautifulSoup 和 re 库，然后构造一个请求 URL，包含要爬取的评论、时间范围等信息。这里需要注意的是，在 URL 中，中文需要进行 URL 编码，可以使用 urllib 库中的 quote 函数进行编码。其次使用 requests 库发送 HTTP 请求，并获取响应的 HTML 内容，使用 BeautifulSoup 库对 HTML 内容进行解析，提取需要的信息。对于多页结果，需要处理翻页，继续爬取更多的内容。在上面的请求 URL 中，pagenum 参数表示页数，可以通过修改 pagenum 的值，来获取不同页数的结果。为保证数据质量，对数据进行清洗，即剔除重复、无实质内容（如“很好”“哈哈哈”）的评论，最终得到 120198 条用户评论。

#### 2. 数据预处理

在本书中，我们运用 Jieba 分词工具对实验原始语料进行了分词和词性标注。Jieba 分词工具是一款基于 Python 语言的中文分词工具，可以实现高效、准确的中文分词功能。首先，使用pip或conda命令行工具安装Jieba分词工具，使用Pandas库将需要进行分词和词性标注的中文摘要数据加载到Python环境中，使用Jieba分词工具对中文文本进行分词，在导入Jieba后，可以使用jieba.cut方法将文本进行分词，该方法有三种模式：精确模式、全模式和搜索模式。其中，精确模式是默认模式，它试图将句子精确地切分，适合文本分析；全模式会将句子中所有可能的词语都扫描出来，适合搜索引擎分词；搜索模式在精确模式的基础上，对长词再次切分，提高召回率，适合搜索引擎分词。为了方便后续的数据分析和挖掘，我们选择使用精确模式对文本进行分词。在分词后，通常需要对每个词语进行词性标注，以便更好地理解文本，Jieba也提供了方便的词性标注功能，词性标注使用jieba.posseg()函数。最后可以使用Pandas库中的to_csv()函数将分词和词性标注的结果保存到CSV文件中。

中文分词是将连续的中文文本切分成一个个具有语义意义的词语单位的过程。但在实际分析中，一些常见的无意义词语(如“的”“了”“和”等)出现频率较高，却不具备实际的语义意义，因此需要去除这些停用词以提高分词效果和分析效率。此外，在中文分词过程中，一些专有名词可能会被错误地切分，从而改变了原有词的意思，影响到后续的文本分析和挖掘结果。为了提高分词的准确性，可以通过加入自定义词典的方式将这些专有名词加入分词器的词典中，以便于正确地进行分词。

### 3.3.2 在线课程学习需求的提取

根据前文中的在线课程学习者学习需求的提取办法，首先，在数据预处理后，需要建立词袋模型，将每个文档表示为一个向量，向量中每个元素表示为该文档中出现的单词的数量。这个向量也称为词袋(bag of words)向量。其次，初始化参数。LDA模型需要设置一些参数，如主题数、单词数、文档数、主题-单词矩阵等。初始化主题-单词矩阵是指将主题-单词矩阵初始化为随机数，并归一化每个主题中单词的概率。主题-单词矩阵表示每个主题中单词的分布概率。在模型运行过程中，会迭代更新主题-文档矩阵和主题-单词矩阵，LDA模型使用Gibbs采样方法对主题-文档矩阵和主题-单词矩阵进行迭代更新，使其逼近真实分布。在迭代更新的过程中，每个文档中的每个单词会对应一个主题，该主题是根据当前的主题-文档矩阵和主题-单词矩阵随机生成的。然后，通过计算每个主题的概率分布来重新分配主题，这个过程被称为重新抽样。在每一轮迭代中，通过计算主题-文档矩阵和主题-单词矩阵的概率分布来更新主题-文档矩阵和主题-单词矩阵。具体而言，对于每个单词，需要更新该单词在每个主题中的概率分布。

LDA 模型被广泛应用于文本书领域，在选择训练文本后可以自动训练能够节省人力，提高准确性。LDA 主题模型能够解决多种文本指代不清晰的问题，通过自动智能化分析提取词语进行主题挖掘。学习者在 MOOC 平台学习课程后，对在线课程进行评价的内容，可以直接体现出学习者对在线课程质量的评价。用 LDA 主题模型对评论文本进行挖掘，可以对在线课程的质量要素进行分析，具体过程如下：

①载入预处理后的评论文本数据并转化成 List of List 格式。

②在使用 LDA 模型进行文本主题的挖掘时，我们必须先对模型的参数进行设置，将最大的主题数量设置为 50 个，并将其重复次数设置为 1000 次。

③主题个数 $K$ 是主题模型算法中重要的参数，$K$ 值的确定直接影响到模型算法的效果。本书基于主题困惑度来辅助确定主题模型的主题个数。如图 3-1 可发现在主题选取 10 的时候，模型获得了最佳的训练，并且维持了充分的主题高频词语义相似度，所以最好的主题数是 10。

根据前文中的在线课程学习者学习需求的提取办法，采取 Python 中的 jieba 分词工具对评论数据进行分词，根据前文中的 LDA 方法，首先采用困惑度寻求学习评论的最优主题数目，结果如图 3-1 所示。

根据图 3-1 可知，当主题数的取值超过 10 后，训练得到的 LDA 主题的困惑度开始趋于稳定，因此将在线课程学习需求的最优主题数设置为 10。

运用 Python 中的 Gensim 库对课程评论数据按照主题数为 10 进行主题建模分析，并提取语义主题，共获得课堂体验、教师资质、内容有用性、内容全面性、信息资源、教学反馈、教学风格、知识难度、教学方法、视频质量等十个需求主题，挖掘结果如表 3-2 所示。

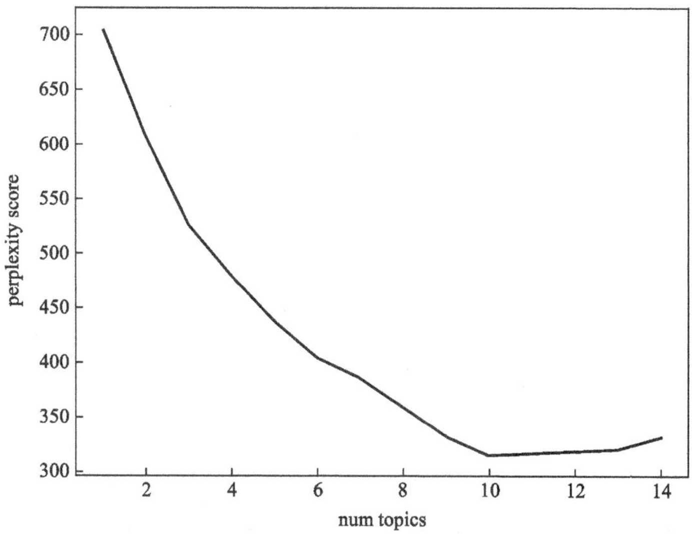


**图 3-1　LDA 主题模型困惑度与主题数关系图**

**表 3-2　学习需求主题挖掘结果**

| topic 0<br>课堂体验 | topic 1<br>教师资质 | topic 2<br>内容有用性 | topic 3<br>内容全面性 | topic 4<br>信息资源 |
|---|---|---|---|---|
| 0. 153 * 课堂 | 0. 056 * 老师 | 0. 087 * 课程内容 | 0. 125 * 内容 | 0. 114 * 课件 |
| 0. 094 * 数据 | 0. 047 * 精彩 | 0. 032 * 实用 | 0. 096 * 用心 | 0. 087 * 知识点 |
| 0. 042 * 体验 | 0. 045 * 实用性 | 0. 029 * 很细 | 0. 073 * 全面 | 0. 053 * PPT |
| 0. 033 * 学习 | 0. 033 * 授课 | 0. 024 * 练习题 | 0. 051 * 透彻 | 0. 038 * 代码 |
| 0. 026 * 方法 | 0. 031 * 逻辑 | 0. 021 * 听得懂 | 0. 048 * 丰富 | 0. 025 * 细节 |
| 0. 017 * 形式 | 0. 028 * 期待 | 0. 014 * 技术 | 0. 042 * 知识点 | 0. 022 * 建议 |
| 0. 014 * 效果 | 0. 026 * 框架 | 0. 012 * 课时 | 0. 036 * 浅显易懂 | 0. 020 * 技能 |
| 0. 013 * 基础知识 | 0. 025 * 有用 | 0. 011 * 精品 | 0. 028 * 充实 | 0. 017 * 资料 |
| 0. 011 * 字幕 | 0. 023 * 思路清晰 | 0. 009 * 课程 | 0. 021 * 重点 | 0. 015 * 理论 |
| 0. 010 * 整体 | 0. 019 * 方式 | 0. 008 * 有用 | 0. 014 * 干货 | 0. 012 * 立体 |

**续表 3-2**

| topic5<br>教学反馈 | topic6<br>教学风格 | topic7<br>知识难度 | topic8<br>教学方法 | topic9<br>视频质量 |
|---|---|---|---|---|
| 0.069 * 质量 | 0.116 * 生动 | 0.073 * 适合 | 0.131 * 方式 | 0.137 * 视频 |
| 0.057 * 教材 | 0.078 * 生动有趣 | 0.064 * 初学者 | 0.089 * 设计 | 0.084 * 课后练习 |
| 0.053 * 证书 | 0.049 * 声音 | 0.056 * 零基础 | 0.065 * 课程 | 0.069 * 清晰 |
| 0.048 * 举例 | 0.037 * 举例 | 0.052 * 入门 | 0.047 * 时间 | 0.052 * 练习题 |
| 0.032 * 能力 | 0.032 * 认真负责 | 0.037 * 听懂 | 0.028 * 视频 | 0.043 * 听得懂 |
| 0.026 * 技巧 | 0.029 * 条理 | 0.028 * 解答 | 0.027 * 思维 | 0.040 * 技术 |
| 0.021 * 水平 | 0.025 * 清晰 | 0.023 * 友好 | 0.020 * 模式 | 0.040 * 课时 |
| 0.019 * 后续 | 0.022 * 原理 | 0.019 * 耐心 | 0.016 * 安排 | 0.037 * 数据 |
| 0.017 * 团队 | 0.018 * 形象 | 0.015 * 效果 | 0.013 * 针对性 | 0.033 * 版本 |
| 0.013 * 深度 | 0.017 * 棒棒 | 0.011 * 吃力 | 0.013 * 逻辑 | 0.024 * 小时 |

注：* 表示反映该主题的核心词汇。数字表示是该词与主题的相关程度。

本书除了借助 LDA 模型挖掘出用户评论文本的潜在主题外，同时利用 pyLDAvis 实现了主题模型结果的交互式可视化，其针对 LDA 模型提供了一个全面的视角框架，能够对话题的差异性和高关联度的关键词进行分析。每个圆圈气泡都代表着一个独立的主题，并对其进行编号。圆圈气泡的尺寸和交叠区域面积反映了主题模型的鲁棒性。一般来说，圆圈气泡越大则代表主题出现的频率越高。

将主题数目设置为 10，对主题间的距离进行可视化展示，结果如图 3-2 所示。在图中，每个气泡代表一个主题，气泡之间的距离反映了主题之间的相似度。可见，当主题数目设置为 10 时，只有主题 1 与主题 5、主题 6 与主题 9 有小部分重叠，其他气泡间无重叠，说明这些主题在一定程度上可能存在相关性，但重叠度不高，并不会对主题的划分造成显著影响。各个主题之间区分度高，聚类效果较好，因此，本书的最优主题数设定为 10。

### 3.3.3 学习需求的 KANO 隶属度的计算

针对教学风格、课堂体验、内容有用性等十个学习者学习需求主题，分别统计这些需求主题为好评、中评及差评的概率，按照出现次数、概率大小进行排序，得到的结果如表 3-3 所示。

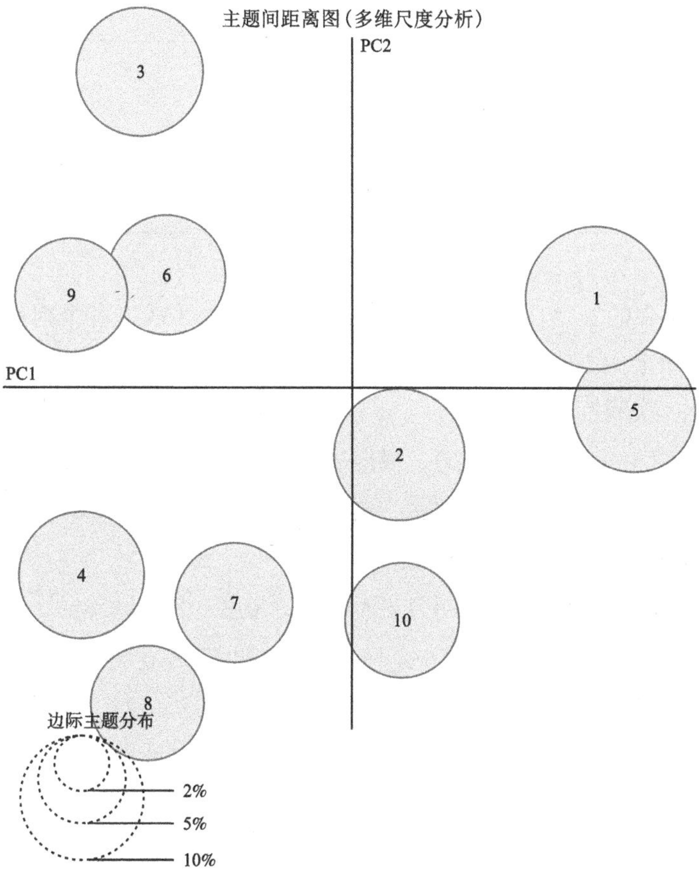


**图 3-2　主题间的距离图**

**表 3-3　各学习者学习需求在好评、中评及差评中出现的次数及概率排序**

| 学习需求 | 好评概率 | 中评概率 | 差评概率 | 好评概率排序 | 中评概率排序 | 差评概率排序 |
|---|---|---|---|---|---|---|
| 教学风格 | 0. 35 | 0. 18 | 0. 47 | 6 | 9 | 1 |
| 视频质量 | 0. 12 | 0. 43 | 0. 45 | 10 | 1 | 2 |
| 知识难度 | 0. 17 | 0. 39 | 0. 44 | 9 | 2 | 3 |
| 课堂体验 | 0. 25 | 0. 36 | 0. 39 | 8 | 5 | 4 |

续表 3-3

| 学习需求 | 好评概率 | 中评概率 | 差评概率 | 好评概率排序 | 中评概率排序 | 差评概率排序 |
|---|---|---|---|---|---|---|
| 教师资质 | 0.44 | 0.31 | 0.25 | 3 | 6 | 7 |
| 内容有用性 | 0.4 | 0.38 | 0.22 | 5 | 3 | 8 |
| 内容全面性 | 0.30 | 0.37 | 0.33 | 7 | 4 | 5 |
| 教学方法 | 0.43 | 0.3 | 0.27 | 4 | 7 | 6 |
| 信息资源 | 0.71 | 0.14 | 0.15 | 1 | 10 | 10 |
| 教学反馈 | 0.57 | 0.27 | 0.16 | 2 | 8 | 9 |

根据前文中的 KANO 隶属度构建方法，分别对表 3-3 中各个因素的 KANO 隶属度进行计算，以表 3-2 中差评概率排序第一的需求主题“教学风格”为例，展示其 KANO 隶属度计算过程。

依据公式(3-4)~公式(3-6)，根据表 3-3 中“教学风格”在好评、中评和差评中的排序情况，得到“教学风格”这个因素未归一化的 KANO 隶属度 $M_1$、$E_1$ 和 $B_1$，将调整系数 $\lambda$ 设定为 0.1。

$$M_1=0.1\times(5-10)=-0.5$$

$$E_1=0.1\times[9-0.5\times(|5-2|+|10-2|)]=0.35$$

$$B_1=0.1\times(10-5)=0.5$$

根据公式(3-7)~公式(3-10)计算得到需求主题“教学风格”的 KANO 隶属度。

$$f_M(F_1)=0.19$$

$$f_E(F_1)=0.30$$

$$f_B(F_1)=0.51$$

同上述计算过程，可以计算表 3-3 中其他在线课程学习者学习需求主题的 KANO 隶属度，结果如表 3-4 所示。

**表 3-4　学习需求的 KANO 隶属度**

| 学习需求 | 魅力型因素隶属度 | 期望型因素隶属度 | 必备型因素隶属度 |
|---|---|---|---|
| 教学风格 | 0.19 | 0.30 | 0.51 |

**续表 3-4**

| 学习需求 | 魅力型因素隶属度 | 期望型因素隶属度 | 必备型因素隶属度 |
|---|---|---|---|
| 视频质量 | 0.11 | 0.36 | 0.53 |
| 知识难度 | 0.14 | 0.41 | 0.45 |
| 课堂体验 | 0.16 | 0.48 | 0.36 |
| 教师资质 | 0.36 | 0.48 | 0.16 |
| 内容有用性 | 0.35 | 0.45 | 0.19 |
| 内容全面性 | 0.20 | 0.50 | 0.30 |
| 教学方法 | 0.47 | 0.33 | 0.20 |
| 信息资源 | 0.55 | 0.35 | 0.09 |
| 教学反馈 | 0.47 | 0.41 | 0.12 |

### 3.3.4　学习需求的 KANO 分析

根据表 3-4 中各个学习需求主题的隶属度值，对所有影响因素进行分类，划分各学习需求相对应的类型，结果如表 3-5 所示。可以发现："教学风格""视频质量""知识难度"三个学习需求主题的必备型因素隶属度值最大，因此，对于学习者而言，"教学风格""视频质量""知识难度"三个学习需求主题均属于必备型学习需求；"课堂体验""教师资质""内容有用性""内容全面性"四个学习需求主题的期望型因素隶属度值最大，属于期望型学习需求；"教学方法""信息资源""教学反馈"三个学习需求主题的魅力型因素隶属度值最大，属于魅力型学习需求。

**表 3-5　学习者学习需求的 KANO 分类**

| 序号 | 学习需求 | 学习需求类型 |
|---|---|---|
| 1 | 教学风格 | 必备型 |
| 2 | 视频质量 | 必备型 |
| 3 | 知识难度 | 必备型 |
| 4 | 课堂体验 | 期望型 |
| 5 | 教师资质 | 期望型 |

续表 3-5

| 序号 | 学习需求 | 学习需求类型 |
|---|---|---|
| 6 | 内容有用性 | 期望型 |
| 7 | 内容全面性 | 期望型 |
| 8 | 教学方法 | 魅力型 |
| 9 | 信息资源 | 魅力型 |
| 10 | 教学反馈 | 魅力型 |

### 1. 必备型学习需求分析

“教学风格”是激发学习者学习兴趣，使学习者能够快速投入课堂的有效桥梁。教师口音不标准、语言严肃不幽默等“教师的教学风格”方面的问题是学习者给予课程差评、满意度不高的原因。当学习评论中出现“教师口音不标准”“直接念 PPT” 等涉及教师风格的语句时，该评论通常为差评。而当课程在“教师的教学风格”方面表现较好时，学习者却很少表达出正向情感。因此“教学风格”属于必备型学习需求。

“视频质量”是学习者在观看课程视频时能否清晰接受课程声音及视频图像信息的关键，有无字幕、时长是否适度也会影响到学习者的满意度。学习者在谈及这一需求时中含有负向情感，并提到诸多问题(包括视频制作不够精良、声画质量存在问题、观感不佳等)。而当课程在“视频质量”方面表现较好时，学习者却很少表达出正向情感。因此“视频质量”属于必备型学习需求。

“知识难度”对学习者的回访意愿有调节作用。当学习评论谈及课程难度适中能够补充所学知识、老师讲课逻辑清晰时，学习者很少会在评论中表达自己的正向情感。大部分学习者在谈及“知识难度”时，多为负向情感，如抱怨题目太难、听不懂、很迷茫等。因此“知识难度”属于必备型学习需求。

对于“教学风格”“视频质量”“知识难度”三个必备型学习需求而言，当课程在“教学风格”“视频质量”“知识难度”方面表现不佳时，学习者往往会给予“差评”评价，然而即使课程在这些因素上表现较好时，学习者也并不会因此而给予“好评”评价。对于“教学风格” “视频质量”“知识难度”三个因素而言，从表 3-5 中的数据可以发现：这三个因素为差评的概率非常高，而为“好评”的概率仅在 10%左右。这表明：当一条评论中出现了以上三个因素，大部分是在谈论其表现得不好的一面，说明这三个学习需求主题是学习者对课程的主要关注点。这些需求未得到满足时会导致学习者给予“差评”评价的行为。这些学习需求主题为好评的概率低的原因是这几个学习需求主题即使在课程中得到了满足，学习者也会认为这些学习需求主题是课程必须具备的基本要素，因此在具体的评论中它们往往会被学习者忽略掉，即学习者默认这些因素是“必须”满足的，所以这三个因素是必备型因素。对于“教学风格”而言，虽然其为“好评”的概率在 30%左右，但其为“差评”的概率接近 50%，在差评中排第一位，这表明：只有当课程在“教学风格”方面表现较差时，才会引起学习者对其的关注。因此，“教学风格”也是必备型学习需求。对于在线课程而言，只有充分重视这些必备型学习需求，才能有效地降低课程的差评率。

对于必备型学习需求，在教学过程之前，教师应当对教学内容做好相应的规划，做好教学准备。在“知识难度”的选取上，教师要选择适合该课程学习者的内容难度，在讲解的过程中要找到难度的平衡点，教学时简单内容可以简单讲，但对于难度较大的内容要讲精讲透，以确保大部分学习者通过课程的学习就能掌握。必备型学习需求是学习者满意度提升的关键因素，只有在这些必备型质量因素上下足功夫，才能有效地减少学习者的差评率，从而为提升学习者满意度奠定基础。

### 2. 期望型学习需求分析

“课堂体验”是学习者在学习在线课程时的体验感，学习者能否顺利访问网站、正常网速下流畅播放课程视频的基础，其中，平台特有的个性功能(如提醒功能、自定义播放)也是当下学习者需要的功能。学习者在谈及这一质量因素时，正向情感和负向情感较为均衡。当学习者在评论中抱怨系统容易卡顿、功能不齐全、视频不能自动跳转等问题时，通常会给予差评；而当学习者在课程学习中体验感好，收获多时通常会给予好评。学习者满意度与课程在“课堂体验”方面的表现程度呈线性关系。因此，“课堂体验”属于期望型学习需求。

“教师资质”是确保课程教学质量的关键因素，与教师的专业知识水平和逻辑思维能力密切相关。学习者在谈及这一学习需求主题时，正向情感和负向情感较为均衡。而授课内容冗长、思维跳跃、讲解粗糙等“教师资质”方面的问题是学习者对课程的满意度不高的原因。当学习评论中出现“讲解粗糙，思维跳跃”等涉及教师教学水平的语句时，该评论通常为差评。而当“教师资质”被满足时，学习者通常也会给予好评。学习者满意度与课程在“教师资质”方面的表现程度呈线性关系。因此，“教师资质”属于期望型学习需求。

“内容有用性”既是课程内容质量保证的基础，也是学习者能够获取知识的先决条件。学习者在谈及这一质量因素时，正向情感和负向情感较为均衡。当学习评论中涉及“内容有用性”这一学习需求属性时，其情感表达通常是负向的，如“教学内容存在错误”“内容过于基础或过于深奥”等，这直接导致学习者对课程产生不满情绪。而当“内容有用性”被满足时，学习者的评论将表达出正向情感。对于在线开放课程而言，学习者满意度与课程在“内容有用性”方面的表现程度呈线性关系。因此，“内容有用性”也属于期望型学习需求。

“内容全面性”是确保课程内容质量和促进学习者全面理解的关键要素。当学习者讨论这一学习需求主题时，其所表现出的情感态度通常较为平衡，即正向和负向情感均有体现。例如，学习者在提到“内容全面性”时，若课程内容涵盖广泛，他们通常会有满意和积极的反馈；反之，如果课程内容狭隘或缺乏深度，他们可能会表达不满，如“课程内容过于片面”或“缺乏必要的深入讨论”等。因此，“内容全面性”直接影响学习者的满意度和情感态度。在线开放课程中，学习者的满意度与课程在“内容全面性”方面的表现呈正比。因此，“内容全面性”是一个重要的期望型学习需求。

对于“课堂体验”“教师资质”“内容有用性”“内容全面性”四个期望型学习需求，学习者的满意度与课程在这些因素上的表现情况呈现明显的正相关，对学习者对课程的评价结论有着直接的影响。通过表 3-3 中的数据可以发现：这四个因素在好评、中评、差评的概率相差不大，其概率排序也无明显的差别。回归到评论中也不难发现：当一门课程在这些方面表现不佳时，学习者会产生失望情绪，同时会给予“差评”评价；而当这门课程在这些方面表现良好时，学习者关于在线学习的心理预期就会得到满足，从而给出“好评”评价。因此，对于在线课程而言，这些因素属于期望型学习需求。这些需求是否能够得到满足，是提升学习者的课程满意度的基础。

对于期望型学习需求，教师首先应当注重自身教学能力的提升，在教学过程中注重选择适当的教学内容，提升自身的“教学资质”，让学习者有良好的“课堂体验”，确保课后作业适量且难度适中，充分照顾到不同基础的学习者能够通过课后作业巩固课堂知识等。同时，在教学实施前后要注重 PPT 及视频的制作，确保线下课堂的精髓能够在线上课堂中得到充分的体现。期望型学习需求由于具有满足会带来较高的满意度、不满足会使得满意度下降的特点，平台和教学者在满足必备型学习需求之后，应当着重提升期望型学习需求。

### 3. 魅力型学习需求分析

“教学方法”是学习者学习知识的基石，好的教学方法能够使学习者更快地进入学习状态吸取知识。当谈及授课教师采用的教学方法富有创新性、适应性强时，学习者通常会在学习评论中表达自己的正向情感。在“教学方法”方面做得比较好时，学习者的满意度会大大提升；但做得不够好时，学习者的满意度也不会过于降低。因此，“教学方法”属于魅力型学习需求。

“信息资源”是学习者能够更好理解课程、巩固知识的有效辅助手段。在谈及 PPT 制作精良、课后资料详细等“信息资源”方面做得较好时，学习者通常给予好评。虽有较多的负向情感，但当学习者在评论中抱怨作业和测试难度过大、题型重复、资料有错等问题时，学习者的满意度也不会过于降低。因此，“信息资源”也属于魅力型学习需求。

“教学反馈”能够提高在线课程的教学质量、促进师生互动、激发学习者的学习动力、让授课教师自我反思，从而提高在线课程的质量。当课程在“教学反馈”方面表现较好时，学习者会表现出正向情感；而表现不好时，如课程质量不高、课后习题答案不详细、老师讲课不清晰等，学习者的满意度也不会过于降低。因此，“教学反馈”属于魅力型学习需求。

对于“教学方法”“信息资源”“教学反馈”三个魅力型学习需求而言，学习者在课程学习过程中，当这几个方面被满足时，学习者的满意度会显著提升，从而给出“好评”；即使课程在这些方面表现得有所欠缺，学习者也不会因此而给出“差评”。根据表 3-3 可知，这几个因素为好评的概率远大于为“差评”的概率，因此当学习者提及这三个学习需求主题时，往往是在谈论其表现得好的方面，这些需求是学习者能直观感受到的质量因素。对于“教学方法”而言，学习者往往对其有一定的宽容度，因为在线课程不同于线下课堂，学习者所提出的问题并不能全部得到及时有效的答复，学习者对此并不会有过高的要求。对于“信息资源”而言，往往在线课程在该方面表现较好时，学习者的评语中往往呈现出大量的如“课件案例文件详细”“习题讲解文件清晰”等好评，学习者的满意度有较大的提升。因此，“教学方法”“信息资源”“教学反馈”这三个因素属于魅力型学习需求。这三个学习需求主题得到满足，对提升课程满意度有重要作用。

对于魅力型学习需求，课程通过实现该类型的需求能大幅提升学习者满意度。针对这一类需求，平台应当确保系统的稳定性，同时，还应加强学习系统与其他系统的互链建设，注重平台后续功能的开发与完善；教师要狠抓课程建设，注重线上教学反馈，及时回复学生的问题，从而提高学习者的好评率，提升在线课程的质量。

## 3.4 本章小结

确定在线课程的质量因素及其所属的 KANO 类型，是引导在线课程迭代以提高课程质量的有效手段。本章以在线学习平台"中国大学 MOOC"上的第二批国家一流课程中的自然科学类与人文社科类课程的学习者评论数据为基础，采用 LDA 提取在线课程的学习者的学习需求，并构建了在线课程质量因素 KANO 隶属度函数，分析了在线课程学习需求的 KANO 属性。其中："教学风格""视频质量""知识难度"三个学习需求主题为必备型学习需求；"课堂体验""教师资质""内容有用性""内容全面性"四个学习需求主题为期望型学习需求；"教学方法""信息资源""教学反馈"三个学习需求主题为魅力型学习需求。这为在线课程质量提升路径的设计奠定了基础。

# 第 4 章

# 基于 QFD 的在线课程质量提升路径设计

上一章探讨了如何从学习评论中提取学习需求，如何根据评论涉及学习需求主题时的情感确定学习需求所属的 KANO 类型的问题。本章在上一章获取学习需求以及学习需求所属的 KANO 类型的基础之上，从服务型产品的角度出发，以国家一流线上课程为对标对象，以非国家一流课程为研究对象，采用 QFD 方法将学习者需求转化为课程技术质量属性，以确定非国家一流课程的质量提升路径。

## 4.1 学习需求重要度的计算方法

在在线课程质量提升路径设计过程中，要进行课程质量提升，必须了解学习者的学习需求，有针对性地对课程进行改善。其中，学习需求的重要度的计算是其中一个关键步骤，它决定了各个学习需求主题的影响力和优先级。为进一步计算学习需求的重要度，首先需对学习者评论进行情感分析，将评论数据量化。本章在百度 AI 开放平台中“自然语言处理”的“情感倾向分析定制”模块上创建模型，并上传积极和消极语料库各 500 条对模型进行训练和调优，最后训练得到模型准确率为 94.31%，随后运用 Python 调用百度 AI 平台的 API 接口对清洗后的评论数据进行情感极性分析，得到每条评论的自动情感倾向判断。

然后，将每条评论的整体情感以及涉及某个需求的细粒度情感分为正向和负向两类，则评论涉及某项需求主题的情感分为四类：第一类：评论涉及某项需求主题时的细粒度情感为正向情感且整条评论为好评；第二类：评论涉及某项需求时的细粒度情感为正向情感但整条评论为差评；第三类：评论涉及某项需求时的细粒度情感为负向情感但整条评论为好评；第四类：评论涉及某项需求时的细粒度情感为负向情感且整条评论为差评。例如，对于这一条评论："老师讲课的内容很丰富，但就是有难度，不易理解。"通过百度 AI 情感分析得到该条评论的整体情感倾向为正向，而就评论所涉及的具体的需求主题而言，涉及需求主题"内容全面性"时的细粒度情感为正向，但涉及需求主题"知识难度"时的细粒度情感则为负向，因此，一方面，可确定涉及需求主题"内容全面性"时的细粒度情感为正向且整条评论为好评的条数记录为 1。另一方面，涉及需求主题"知识难度"的细粒度情感为负向但整条评论为好评的条数记录为 1。

据此，统计所有评论的整体情感及涉及具体需求主题时的细粒度情感评论条数。通过分析涉及需求主题时的细粒度情感与评论总体情感的一致性程度可确定需求的初始重要度。课程需求 $i$ 的初始重要度 $w(i)$ 可通过以下公式进行计算。

$$w(i)=\mathrm{e}^{c(i)} \tag{4-1}$$

$$c(i)=\frac{S(i)_{1}^{\mathrm{pos}}+S(i)_{-1}^{\mathrm{neg}}}{N(i)}-\frac{S(i)_{1}^{\mathrm{neg}}+S(i)_{-1}^{\mathrm{pos}}}{N(i)} \tag{4-2}$$

式中：$N(i)$ 为涉及需求主题 $i$ 的评论数；$S(i)_{1}^{\mathrm{pos}}$ 为涉及需求主题 $i$ 的细粒度情感为正向情感且整条评论为好评的评论数；$S(i)_{-1}^{\mathrm{neg}}$ 为涉及需求主题 $i$ 的细粒度情感为负向情感且整条评论为差评的评论数；$S(i)_{1}^{\mathrm{neg}}$ 为涉及需求主题 1 的细粒度情感为负向情感但整条评论为好评的评论数；$S(i)_{-1}^{\mathrm{pos}}$ 为涉及学习者主题 $i$ 的细粒度情感为正向情感但整条评论为差评的评论数；$c(i)$ 为需求主题 $i$ 的情感一致性，反映出评论中涉及需求主题 $i$ 时的细粒度情感与评论整体情感的一致性。学习者需求主题 $c(i)$ 的情感一致性越高，说明该需求主题的重要程度越高。由于 $c(i)$ 的取值可能存在负值的情形，因此，学习者需求 $i$ 的初始重要度 $w(i)$ 需要在需求的情感一致性值 $c(i)$ 的基础之上，通过公式（4-1）进行标准化。

最后，根据 KANO 模型的思想，不同类型的需求对学习者满意度的影响是不同的，按对学习者满意度的影响排序，魅力型需求的重要度排第一，期望性需求的重要度排第二，必备型需求的重要度排第三。据此，可对各个学习需求

主题的重要度系数 $\lambda$ 进行赋值。魅力型需求、期望型需求、必备型需求的权重分别赋值 1.5、1.2、1。学习需求最终重要度 $W(i)$ 可通过公式(4-3)进行计算。

$$W(i)=\lambda w(i) \tag{4-3}$$

式中：$\lambda$ 为不同类型的需求重要度权重；$w(i)$ 为学习需求初始重要度。

## 4.2　基于 QFD 的在线课程质量屋构建方法

质量功能展开(quality function deployment, QFD)是一种将客户需求转化为产品或服务属性的系统方法，用于保证在产品开发的每个阶段，客户的需求都能够被理解。其核心思想是通过一系列的矩阵展开，将顾客的需求转化为具体的产品开发要求。在 QFD 模型中，质量屋作为关键工具，能够帮助明确不同需求以及需求与质量属性之间的相互关系，将客户的需求和技术质量属性紧密联系在一起，从而识别优先级，以决定哪些技术质量属性应当被优先提升或改进。

本章利用 QFD 中的质量屋构建方法，对标国家一流线上课程，从学习者的学习需求出发，识别并分析这些需求，随后通过构建质量屋和相关关系矩阵，将上一章中从学习评论数据中提取的学习需求转化为在线课程的技术质量属性，以确保课程建设者能够清晰地理解并响应学习者的学习需求，进而将这些需求转化为教学和课程建设中的具体措施。在线课程质量提升 QFD 模型包含学习需求及其重要度、学习需求与技术质量属性关系矩阵、技术质量属性及其重要度、质量规划，如图 4-1 所示。

在图 4-1 中，学习需求及其重要度作为质量屋的左墙，技术质量属性为屋顶，学习需求与技术质量属性关系矩阵为房间，技术质量属性重要度为地板，质量规划为地下室，以此确定不同类型非国家一流线上课程的质量提升路径，具体的实施步骤如下：

步骤一：学习需求及其重要度的计算。通过第 3 章获取的学习需求和本章 4.1 节中的学习需求重要度计算方法计算出各个学习需求的重要度，以此作为质量屋的左墙。

步骤二：技术质量属性获取。基于第 3 章提取的 10 个学习需求主题，参考线上国家一流课程评审标准及相关文献，确定课程内容、课程教师、教学设计、教学支持和系统功能五个维度作为在线课程的技术质量属性维度，具体指标如表 4-1 所示，以此构成质量屋的屋顶。

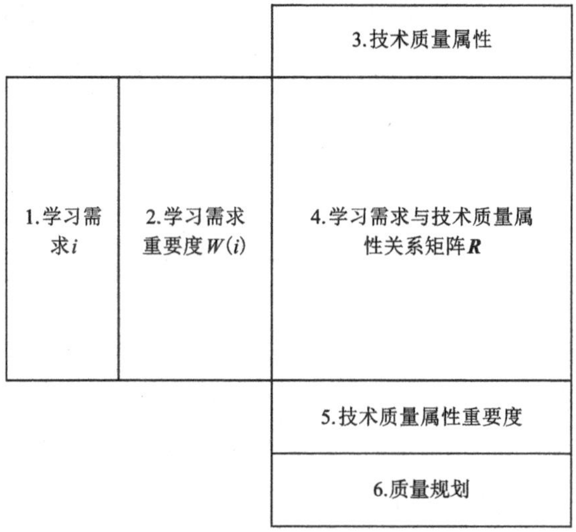


**图 4-1　在线课程 QFD 质量屋结构**

**表 4-1　在线课程技术质量属性**

| 维度 | 技术质量属性 | 说明 |
|---|---|---|
| 课程内容 | 知识量 | 课程知识的多样性和丰富性 |
| | 内容多样化呈现 | 课件通过文本、图像、动画、音频等形式呈现 |
| | 课程视频 | 视频质量 |
| 课程教师 | 教学水平 | 教师教学思路、授课方式，能够将知识有效、正确地传递，带动学生积极思考 |
| | 学习兴趣培养 | 教师幽默风趣、深入浅出等讲课风格能够激发学习者兴趣 |
| 教学设计 | 教学安排 | 课程大纲、教学进度和时间安排 |
| | 教学模式 | 灵活多样的教学模式，如任务式、诱导式、问题导向式等 |
| | 教学活动 | 讨论区互动、在线测验等 |
| 教学支持 | 课后习题 | 课程配套作业、作业量与难度 |
| | 答疑与辅导 | 课后答疑、指导 |
| 系统功能 | 系统功能 | 系统使用灵活性、功能多样性及可靠性 |

步骤三：学习需求与技术质量属性关系矩阵的确定。邀请相关领域专家根据其专业知识和经验就课程技术质量属性对学习需求的影响及贡献程度进行评分，根据评分结果确定学习需求与课程技术质量属性的关系矩阵，并以学习需求与课程技术质量属性的关系矩阵 $\boldsymbol{R}=[r_{ij}]$ 为质量屋的房间，其中，$r_{ij}$ 表示课程技术质量属性 $j$ 对需求 $i$ 的影响及贡献程度，其取值为：

1 表示课程技术质量属性 $j$ 对学习需求项 $i$ 有微弱的支持作用；

3 表示课程技术质量属性 $j$ 对学习需求项 $i$ 有较弱的支持作用；

5 表示课程技术质量属性 $j$ 对学习需求项 $i$ 有中等程度的支持作用；

7 表示课程技术质量属性 $j$ 对学习需求项 $i$ 有较强的支持作用；

9 表示课程技术质量属性 $j$ 对学习需求项 $i$ 有很强的支持作用；

空白表示两者之间不存在支持关系。学习需求与技术质量属性关系矩阵如表 4-2 所示。

**表 4-2　学习需求与技术质量属性关系矩阵**

| 学习需求 $i$ | 质量属性 $j$ | | | | |
|---|---|---|---|---|---|
| | 1 | 2 | 3 | … | $n$ |
| 1 | $r_{11}$ | $r_{12}$ | $r_{13}$ | … | $r_{1n}$ |
| 2 | $r_{21}$ | $r_{22}$ | $r_{23}$ | … | $r_{2n}$ |
| 3 | $r_{31}$ | $r_{32}$ | $r_{33}$ | … | $r_{3n}$ |
| … | … | … | … | … | … |
| $m$ | $r_{m1}$ | $r_{m2}$ | $r_{m3}$ | … | $r_{mn}$ |

步骤四：技术质量属性重要度的计算。结合步骤一和步骤三得到的学习需求重要度和学习需求与技术质量属性关系矩阵计算课程技术质量属性的重要度，并以在线课程技术质量属性重要度为质量屋的地板。课程技术质量属性 $j$ 的重要度 $TQ_j$ 通过以下公式计算得到。

$$TQ_j = \sum r_{ij} W(i) \tag{4-4}$$

式中：$r_{ij}$ 为质量屋的元素；$W(i)$ 为学习需求最终重要度。

步骤五：关键技术质量属性的确定。在得到技术质量属性重要度后，以国家一流课程为对标对象，计算非国家一流课程技术质量属性的综合提升度，确定关键技术质量属性，明确在线课程质量提升路径，以此作为质量屋的地下室。首先在各评论涉及技术质量属性的评分规则基础上，根据学习者评论的细粒度情感计算得到非国家一流课程及国家一流课程在课程技术质量属性 $j$ 上的平均得分 $QF_j$ 和 $QG_j$。具体的评分规则如表 4-3 所示。

**表 4-3　在线课程在技术质量属性上的评分规则**

| 评分规则 | 分值 |
|---|---|
| 评论涉及技术质量属性 $j$ 的细粒度情感为积极且整条评论为好评 | 4 |
| 评论涉及技术质量属性 $j$ 的细粒度情感为积极但整条评论为差评 | 3 |
| 评论涉及技术质量属性 $j$ 的细粒度情感为消极但整条评论为好评 | 2 |
| 评论涉及技术质量属性 $j$ 的细粒度情感为消极且整条评论为差评 | 1 |

最后，根据公式(4-5)计算得到课程在技术质量属性 $j$ 上的综合提升度 $TS_j$，进而确定非国家一流课程质量提升的关键技术质量属性。

$$TS_j = TQ_j \times \frac{\max(QF_j,\ QG_j - QF_j)}{\max(QF_j,\ QG_j)} \tag{4-5}$$

## 4.3 人文社科类课程的质量提升路径

### 4.3.1 人文社科类课程学习需求的重要度计算

首先，运用百度 AI 自然语言处理技术对人文社科类课程评论数据进行情感分析，百度 AI 情感分析结果示例如表 4-4 所示。随后统计出学习者评论的整体情感的记录数，以及涉及某个具体的学习需求时的细粒度情感记录数，用以计算学习需求的重要度。结果如表 4-5 所示。

表 4-4　百度 AI 情感分析结果示例

| 评论 | Positive_prob | Negative_prob | 情感倾向 |
|---|---|---|---|
| “老师授课方式可以快速调动学生的兴趣” | 0.997 | 0.003 | 积极 |
| “课程没有例子，空中楼阁比较难懂，理论跟实践是脱节的” | 0.041 | 0.959 | 消极 |

表 4-5　人文社科类课程学习需求的情感分布　　单位:条

| 编号 | 学习需求 | 涉及需求的细粒度情感为好评且整体情感为正向的评论记录数 | 涉及需求的细粒度情感为差评且整体情感为正向的评论记录数 | 涉及需求的细粒度情感为好评且整体情感为负向的评论记录数 | 涉及需求的细粒度情感为差评且整体情感为负向的评论记录数 |
|---|---|---|---|---|---|
| 1 | 教师资质 | 16605 | 213 | 2181 | 483 |
| 2 | 内容有用性 | 8469 | 78 | 237 | 177 |
| 3 | 内容全面性 | 12318 | 274 | 344 | 297 |
| 4 | 知识难度 | 6027 | 503 | 219 | 578 |
| 5 | 教学风格 | 3106 | 67 | 282 | 329 |
| 6 | 信息资源 | 1237 | 351 | 179 | 720 |
| 7 | 教学方法 | 3158 | 273 | 188 | 145 |
| 8 | 视频质量 | 1134 | 319 | 21 | 63 |
| 9 | 课堂体验 | 8433 | 111 | 147 | 159 |
| 10 | 教学反馈 | 1190 | 449 | 75 | 246 |

由公式(4-1)和公式(4-2)计算得到每个学习需求的情感一致性与重要度，结果如表 4-6 所示。

表 4-6　人文社科类课程学习需求、情感一致性与重要度

| 编号 | 学习需求 | 情感一致性 $c(i)$ | 初始重要度 $w(i)$ | 最终重要度 $W(i)$ |
|---|---|---|---|---|
| 1 | 教师资质 | 0.75 | 2.13 | 2.56 |
| 2 | 内容有用性 | 0.93 | 2.53 | 3.04 |

**续表 4-6**

| 编号 | 学习需求 | 情感一致性 $c(i)$ | 初始重要度 $w(i)$ | 最终重要度 $W(i)$ |
|---|---|---|---|---|
| 3 | 内容全面性 | 0.91 | 2.48 | 2.98 |
| 4 | 知识难度 | 0.80 | 2.23 | 2.23 |
| 5 | 教学风格 | 0.82 | 2.26 | 2.26 |
| 6 | 信息资源 | 0.57 | 1.77 | 2.66 |
| 7 | 教学方法 | 0.76 | 2.13 | 3.20 |
| 8 | 视频质量 | 0.56 | 1.75 | 1.75 |
| 9 | 课堂体验 | 0.94 | 2.56 | 3.07 |
| 10 | 教学反馈 | 0.47 | 1.59 | 2.39 |

### 4.3.2 人文社科类课程技术质量属性重要度的计算

根据本章 4.2 节中学习需求与技术质量属性关系矩阵的确定方法确定在线课程技术质量属性对学习需求的支持关系矩阵，步骤如下：

首先，邀请 5 位教育领域的研究专家参考 4.2 节中步骤三的方法，对表 4-1 中的在线课程技术质量属性对学习需求的支持程度进行评分，取次数出现最多的值为最终结果，得到在线课程技术质量属性对学习需求的支持关系矩阵，如表 4-7 所示，以此构建出质量屋的房间部分。

**表 4-7 在线课程技术质量属性对学习需求的支持关系矩阵**

| 学习需求 | 质量属性 | | | | | | | | | | |
|---|---|---|---|---|---|---|---|---|---|---|---|
| | 知识量 | 内容多样化呈现 | 课程视频 | 教学水平 | 学习兴趣培养 | 教学安排 | 教学模式 | 教学活动 | 课后习题 | 答疑与辅导 | 系统功能 |
| 教师资质 | | | | 9 | 7 | | 7 | | | | |
| 内容有用性 | 1 | 3 | | | | | | | | | |
| 内容全面性 | 9 | 7 | | | | | | | | | |
| 知识难度 | | | | | | 3 | | | | | |
| 教学风格 | | | | | 9 | | | | | | |
| 信息资源 | | 3 | 1 | | | 3 | | | 7 | 1 | 5 |

续表 4-7

| 学习需求 | 质量属性 | | | | | | | | | | |
|---|---|---|---|---|---|---|---|---|---|---|---|
| | 知识量 | 内容多样化呈现 | 课程视频 | 教学水平 | 学习兴趣培养 | 教学安排 | 教学模式 | 教学活动 | 课后习题 | 答疑与辅导 | 系统功能 |
| 教学方法 | | | | 7 | | 3 | 9 | 3 | | | |
| 视频质量 | | | 9 | | | | | | | | 7 |
| 课堂体验 | | 7 | 3 | 9 | 3 | 5 | 3 | 5 | 5 | 7 | |
| 教学反馈 | | | | | | 3 | | 3 | | 7 | 5 |

然后，在表 4-6 中的学习需求最终重要度及表 4-7 中的技术质量属性对学习需求的支持关系矩阵的基础上，根据公式(4-4)计算出人文社科类课程技术质量属性重要度。以技术质量属性“知识量”的重要度 $TQ_{知识量}$ 为例，说明课程技术质量属性重要度的计算过程：

$$TQ_{知识量}=r_{教师资质-知识量}\times W_{教师资质}+r_{内容有用性-知识量}\times W_{内容有用性}+\cdots=0\times 2.56+1\times 3.04+\cdots=29.86$$

以此类推，可计算出所有的人文社科类课程技术质量属性的重要度，结果如表 4-8 所示。以表 4-8 中所有的课程技术质量属性重要度构成质量屋的地板部分。

**表 4-8　人文社科类课程各技术质量属性重要度**

| 维度 | 技术质量属性 | 技术质量属性重要度 |
|---|---|---|
| 课程内容 | 知识量 | 29.86 |
| | 内容多样化呈现 | 59.45 |
| | 课程视频 | 27.62 |
| 课程教师 | 教学水平 | 73.07 |
| | 学习兴趣培养 | 47.47 |
| 教学设计 | 教学安排 | 46.79 |
| | 教学模式 | 55.93 |
| | 教学活动 | 32.12 |

续表 4-8

| 维度 | 技术质量属性 | 技术质量属性重要度 |
|---|---|---|
| 教学支持 | 课后习题 | 33.97 |
| | 答疑与辅导 | 40.88 |
| 系统功能 | 系统功能 | 37.50 |

### 4.3.3 人文社科类课程的质量规划

首先，采用百度 AI 自然语言处理技术对人文社科类非国家一流课程和国家一流课程的学习评论进行情感分析，分别统计出非国家一流课程评论中涉及各技术质量属性时的细粒度情感分布和国家一流课程评论中涉及各技术质量属性时的细粒度情感分布。结果如表 4-9、表 4-10 所示。

表 4-9　人文社科类非国家一流课程质量属性细粒度情感分布　　单位：条

| 技术质量属性 | 涉及属性的细粒度情感为好评且整体情感为正向的评论记录数 | 涉及属性的细粒度情感为差评且整体情感为正向的评论记录数 | 涉及属性的细粒度情感为好评且整体情感为负向的评论记录数 | 涉及属性的细粒度情感为差评且整体情感为负向的评论记录数 |
|---|---|---|---|---|
| 知识量 | 247 | 37 | 19 | 13 |
| 内容多样化呈现 | 378 | 70 | 7 | 21 |
| 课程视频 | 211 | 29 | 8 | 50 |
| 教学水平 | 3135 | 174 | 1127 | 132 |
| 学习兴趣培养 | 102 | 45 | 11 | 34 |
| 教学安排 | 45 | 2 | 3 | 19 |
| 教学模式 | 72 | 12 | 7 | 22 |
| 教学活动 | 68 | 27 | 4 | 50 |
| 课后习题 | 153 | 165 | 7 | 43 |
| 答疑与辅导 | 43 | 4 | 3 | 13 |
| 系统功能 | 157 | 32 | 25 | 35 |

**表 4-10　人文社科类国家一流课程质量属性细粒度情感分布**　　单位：条

| 技术质量属性 | 涉及属性的细粒度情感为好评且整体情感为正向的评论记录数 | 涉及属性的细粒度情感为差评且整体情感为正向的评论记录数 | 涉及属性的细粒度情感为好评且整体情感为负向的评论记录数 | 涉及属性的细粒度情感为差评且整体情感为负向的评论记录数 |
|---|---|---|---|---|
| 知识量 | 3824 | 122 | 127 | 108 |
| 内容多样化呈现 | 2489 | 127 | 312 | 268 |
| 课程视频 | 945 | 175 | 18 | 153 |
| 教学水平 | 13837 | 435 | 2818 | 330 |
| 学习兴趣培养 | 732 | 7 | 28 | 16 |
| 教学安排 | 1322 | 120 | 8 | 238 |
| 教学模式 | 1415 | 23 | 161 | 168 |
| 教学活动 | 2743 | 227 | 245 | 72 |
| 课后习题 | 1072 | 493 | 58 | 511 |
| 答疑与辅导 | 217 | 47 | 0 | 31 |
| 系统功能 | 1297 | 205 | 192 | 298 |

然后，在表 4-9、表 4-10 的基础上，根据表 4-3 中的评分标准，可分别计算出人文社科类非国家一流课程和国家一流课程在各技术质量属性上的得分值 $QF$ 和 $QG$。下面以非国家一流课程在技术质量属性“知识量”上的得分值 $QF_{知识量}$ 为例来说明计算过程：

根据表 4-9、4-10 可知：对于人文社科类非国家一流课程而言，学习者在“知识量”上的细粒度情感为正向情感且整条评论为好评的记录数为 247；在“知识量”上的细粒度情感为正向情感但整条评论为差评的记录数为 19；在“知识量”上的细粒度情感为负向情感但整条评论为好评的记录数为 37；在“知识量”上的细粒度情感为负向情感且整条评论为差评的记录数为 13。根据表 4-3 中的评分规则，可得到：$QF_{知识量}=(247\times4+19\times3+37\times2+13\times1)/(247+19+37+13)=3.58$。同理，可计算得到非国家一流课程和国家一流课程在各技术质

量属性上的得分值 $QF$ 和 $QG$。结果如表 4-11 所示，以此可确定质量屋的地下室部分。

**表 4-11　人文社科类非国家一流课程和国家一流课程技术质量属性得分**

| 技术质量属性 | 非国家一流课程 | 国家一流课程 |
|---|---|---|
| 知识量 | 3.58 | 3.83 |
| 内容多样化呈现 | 3.56 | 3.57 |
| 课程视频 | 3.28 | 3.36 |
| 教学水平 | 3.59 | 3.73 |
| 学习兴趣培养 | 2.94 | 3.89 |
| 教学安排 | 3.07 | 3.43 |
| 教学模式 | 3.14 | 3.60 |
| 教学活动 | 2.60 | 3.72 |
| 课后习题 | 2.73 | 2.79 |
| 答疑与辅导 | 3.21 | 3.37 |
| 系统功能 | 3.22 | 3.25 |

### 4.3.4　人文社科类课程 QFD 质量屋的构建

按照本章 4.2 节中在线课程 QFD 质量屋的构建方法，以表 4-6 中的学习需求及其重要度为质量屋的左墙，以表 4-1 中的在线课程技术质量属性为屋顶，以表 4-7 中的在线课程技术质量属性对学习需求的支持关系矩阵为房间，以表 4-8 中的在线课程技术质量属性重要度为地板，以表 4-11、表 4-12 中非国家一流课程及国家一流课程技术质量属性的得分为地下室，最终构建出人文社科类课程质量提升的 QFD 质量屋，如图 4-2 所示。在人文社科类非国家一流课程及国家一流课程技术质量属性得分的基础上，结合各技术质量属性的重要度值，依据公式(4-5)可得到人文社科类非国家一流课程在所有技术质量属性上的综合提升度，结果如图 4-2 中的综合提升度部分所示。

<table>
<tr><td colspan="3">左墙</td><td colspan="11">屋顶</td></tr>
<tr><td colspan="2" rowspan="2">学习需求</td><td rowspan="2">学习需求重要度</td><td colspan="3">课程内容</td><td colspan="2">课程教师</td><td colspan="3">教学设计</td><td colspan="2">教学支持</td><td>系统功能</td></tr>
<tr><td>知识量</td><td>内容多样化呈现</td><td>课程视频</td><td>教学水平</td><td>学习兴趣培养</td><td>教学安排</td><td>教学模式</td><td>教学活动</td><td>课后习题</td><td>答疑与辅导</td><td>系统功能</td></tr>
<tr><td colspan="2">教师资质</td><td>2. 56</td><td></td><td></td><td></td><td>9</td><td>7</td><td></td><td>7</td><td></td><td></td><td></td><td></td></tr>
<tr><td colspan="2">内容有用性</td><td>3. 04</td><td>1</td><td>3</td><td></td><td></td><td></td><td></td><td></td><td></td><td></td><td></td><td></td></tr>
<tr><td colspan="2">内容全面性</td><td>2. 98</td><td>9</td><td>7</td><td></td><td></td><td></td><td></td><td></td><td></td><td></td><td></td><td></td></tr>
<tr><td colspan="2">知识难度</td><td>2. 23</td><td></td><td></td><td></td><td></td><td></td><td>3</td><td></td><td></td><td></td><td></td><td></td></tr>
<tr><td colspan="2">教学风格</td><td>2. 26</td><td></td><td></td><td></td><td></td><td>9</td><td></td><td></td><td></td><td></td><td></td><td></td></tr>
<tr><td colspan="2">信息资源</td><td>2. 66</td><td></td><td>3</td><td>1</td><td></td><td></td><td>3</td><td></td><td></td><td>7</td><td>1</td><td>5</td></tr>
<tr><td colspan="2">教学方法</td><td>3. 20</td><td></td><td></td><td></td><td>7</td><td></td><td>3</td><td>9</td><td>3</td><td></td><td></td><td></td></tr>
<tr><td colspan="2">视频质量</td><td>1. 75</td><td></td><td></td><td>9</td><td></td><td></td><td></td><td></td><td></td><td></td><td></td><td>7</td></tr>
<tr><td colspan="2">课堂体验</td><td>3. 07</td><td></td><td>7</td><td>3</td><td>9</td><td>3</td><td>5</td><td>3</td><td>5</td><td>5</td><td>7</td><td></td></tr>
<tr><td colspan="2">教学反馈</td><td>2. 39</td><td></td><td></td><td></td><td></td><td></td><td>3</td><td></td><td>3</td><td></td><td>7</td><td>5</td></tr>
<tr><td colspan="3">地板：技术质量属性重要度</td><td>29. 86</td><td>59. 45</td><td>27. 62</td><td>73. 07</td><td>47. 47</td><td>46. 79</td><td>55. 93</td><td>32. 12</td><td>33. 97</td><td>40. 88</td><td>37. 50</td></tr>
<tr><td rowspan="4">地下室</td><td rowspan="4">质量规划</td><td>非国家一流课程</td><td>3. 58</td><td>3. 56</td><td>3. 28</td><td>3. 59</td><td>2. 94</td><td>3. 07</td><td>3. 14</td><td>2. 60</td><td>2. 73</td><td>3. 21</td><td>3. 22</td></tr>
<tr><td>国家一流课程</td><td>3. 83</td><td>3. 57</td><td>3. 36</td><td>3. 73</td><td>3. 89</td><td>3. 43</td><td>3. 60</td><td>3. 72</td><td>2. 79</td><td>3. 37</td><td>3. 25</td></tr>
<tr><td>改进目标</td><td>3. 83</td><td>3. 57</td><td>3. 36</td><td>3. 73</td><td>3. 89</td><td>3. 43</td><td>3. 60</td><td>3. 72</td><td>2. 79</td><td>3. 37</td><td>3. 25</td></tr>
<tr><td>综合提升度</td><td>1. 95</td><td>0. 17</td><td>0. 66</td><td>2. 74</td><td>11. 59</td><td>4. 91</td><td>7. 15</td><td>9. 67</td><td>0. 73</td><td>1. 94</td><td>0. 35</td></tr>
</table>

**图 4-2　人文社科类课程质量提升 QFD 质量屋**

### 4.3.5　人文社科类课程质量提升策略

为更加清晰直观地了解人文社科类课程各技术质量属性在重要度及提升度上的表现，确定关键技术质量属性，以课程技术质量属性的技术重要度为横轴，以技术质量属性的综合提升度为纵轴，并以重要度与提升度的均值为分界线，将 11 个技术质量属性映射到四象限中。其中，第一象限为高重要度、高提升度象限，第二象限为低重要度、高提升度象限，第三象限为低重要度、低提升度象限，第四象限为高重要度、低提升度象限，如图 4-3 所示。

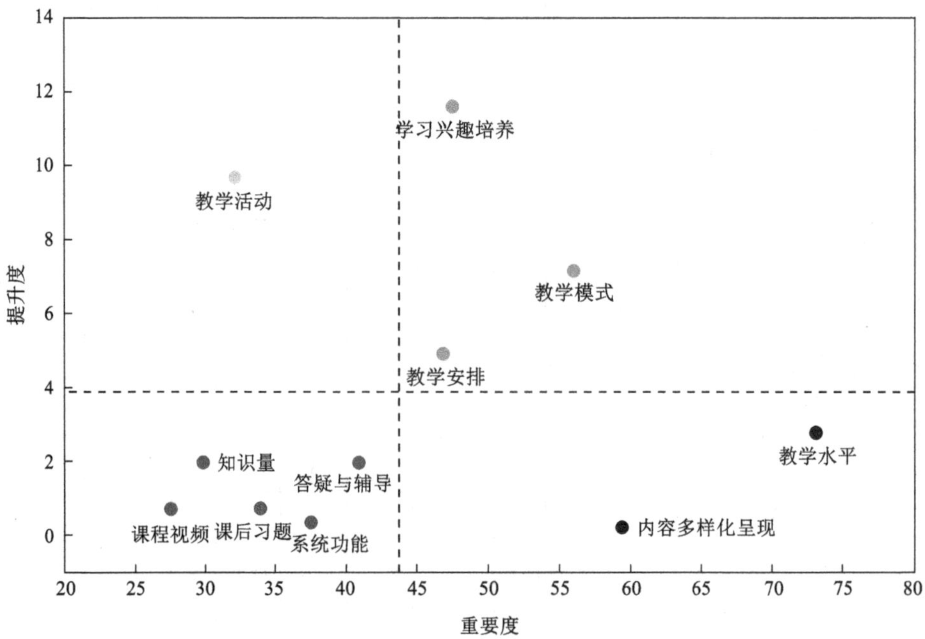


**图 4-3　人文社科类课程技术质量属性分类图**

从人文社科类课程技术质量属性的技术重要度来看，由图 4-3 可知："内容多样化呈现""教学水平""学习兴趣培养""教学安排""教学模式"等技术质量属性的技术质量重要度值均高于均值，因此，"内容多样化呈现""教学水平""学习兴趣培养""教学安排""教学模式"五个技术质量属性为在线课程质量提升的关键因素。刘清堂等学者(2023)发现："课程内容"和"课程教师"两个要素为影响人文社科类课程质量的关键因素。与此相似，本书也发现："课程内容"维度下的"内容多样化呈现"及"课程教师"维度下的"教学水平""学习兴趣培养"为影响在线课程质量的关键因素。除此之外，本书还发现：如果将在线课程看作一项面向学习者的在线服务，从服务设计的角度来看，"教学安排"和"教学模式"也会对在线课程质量造成重要影响。在人文社科类课程中，"教学安排"是达成教学目标的重要保障，合理的教学进度和时间安排不仅可以确保学习者有足够的时间消化和吸收新知识，还能够避免信息过载而导致的认知疲劳，这也是使学习者能够持续学习的重要因素。"教学模式"是以提高学习者的学习质量为最终目标，将课程内容有效传递给学习者，帮助学习者对知识进行理解和吸收的重要“桥梁”，灵活多样的教学模式能够满足不同学习者的需求。因此，“教学安排”和“教学模式”也是提升在线课程质量的关键因素。

从综合提升度来看，相对于国家一流课程，人文社科类非国家一流课程在“学习兴趣培养”“教学安排”“教学模式”“教学活动”四个技术质量属性上的综合提升度值高于均值，且这四个技术质量属性综合提升度值的累积占比达到了 79.60%。这意味着人文社科类非国家一流课程与国家一流课程的差距主要是由“学习兴趣培养”“教学安排”“教学模式”“教学活动”四个技术质量属性造成的。从评论内容上看，相较于国家一流课程，人文社科类非国家一流课程在课程内容上存在着过于理论化、缺乏实际案例和应用场景等问题，难以激发学习者的兴趣；教学进度安排存在时间安排不合理等问题，安排过于紧凑导致学习者无法跟上进度，没有足够的时间去消化和吸收繁重的知识点，过于宽松的安排会导致学习节奏拖沓，造成学习资源的浪费；教学模式存在着单一、缺乏创新和多样性、难以适应不同学习者的需求等问题；教学活动并未精心设计，导致学习者无法将所学知识应用于实际。此外，从图 4-2 中的结果还可发现：“教学活动”的综合提升度最高，明显高于其他技术质量属性的综合提升度。因此，对于人文社科类非国家一流课程而言，在其质量提升过程中，应在“学习兴趣培养”“教学安排”“教学模式”“教学活动”四个方面进行重点改进。

综合上述四个技术质量属性在技术质量重要度和综合提升度两个维度上的得分可发现：“学习兴趣培养”“教学安排”“教学模式”“教学活动”等四个技术质量属性可分为两个层次，其中“学习兴趣培养”“教学安排”“教学模式”三个技术质量属性的重要度及综合提升度均高于均值，位于图 4-3 中的第一象限，因此，“学习兴趣培养”“教学安排”“教学模式”这三个技术质量属性为人文社科类非一流课程质量提升过程中的第一层次的质量改进点；对于“教学活动”而言，从图 4-3 中可发现：“教学活动”的综合提升度值明显高于均值，但其技术质量重要度值明显低于均值，因此，在人文社科类非一流课程的质量改进过程中，其属于第二层次的质量改进点。

因此，对于人文社科类课程而言，应优先提升“学习兴趣培养”“教学安排”“教学模式”三个因素。课程教师可以通过引入新颖的观点、案例分析或者时事热点，激发学习者的好奇心，提高他们的学习兴趣。同时，教师可在讲课时融入个人情感和经历，使课程内容更具亲和力，从而提升学习者的情感投入。此外，在进行教学设计时，应该根据学习者的学习习惯和节奏，合理安排课程进度和内容，确保学习者能够有足够的时间消化吸收新知识。在教学模式上可以结合传统讲授与现代化教学手段，如视频、动画、虚拟仿真等，使教学更加生动有趣。对于“教学活动”第二层次改进点而言，教师可以设计挑战性的问题或案例，引导学生进行批判性思考和增强解决问题的能力。

## 4.4 自然科学类课程的质量提升路径

### 4.4.1 自然科学类课程学习需求的重要度计算

通过百度 AI 自然语言处理技术对自然科学类课程评论数据进行情感分析，随后统计出学习者评论的整体情感的记录数，以及涉及某个具体的学习需求主题时的细粒度情感记录数，用以计算学习需求的重要度。结果如表 4-12 所示。

**表 4-12 自然科学类学习需求的情感分布** 单位：条

| 编号 | 学习需求 | 涉及需求的细粒度情感为好评且整体情感为正向的评论记录数 | 涉及需求的细粒度情感为差评且整体情感为正向的评论记录数 | 涉及需求的细粒度情感为好评且整体情感为负向的评论记录数 | 涉及需求的细粒度情感为差评且整体情感为负向的评论记录数 |
|---|---|---|---|---|---|
| 1 | 教师资质 | 24999 | 617 | 220 | 821 |
| 2 | 内容有用性 | 6573 | 211 | 133 | 279 |
| 3 | 内容全面性 | 6028 | 234 | 189 | 277 |
| 4 | 知识难度 | 7527 | 494 | 231 | 643 |
| 5 | 教学风格 | 2326 | 75 | 31 | 39 |
| 6 | 信息资源 | 1578 | 825 | 111 | 263 |
| 7 | 教学方法 | 1427 | 60 | 21 | 45 |
| 8 | 视频质量 | 934 | 269 | 122 | 189 |
| 9 | 课堂体验 | 7679 | 189 | 217 | 43 |
| 10 | 教学反馈 | 2749 | 734 | 191 | 271 |

由公式(4-1)和公式(4-2)计算得到每个学习需求的情感一致性与重要度，结果如表 4-13 所示。

**表 4-13　自然科学类课程学习需求情感一致性与重要度**

| 编号 | 学习需求 | 情感一致性 $c(i)$ | 初始重要度 $w(i)$ | 最终重要度 $W(i)$ |
|---|---|---|---|---|
| 1 | 教师资质 | 0.94 | 2.55 | 3.06 |
| 2 | 内容有用性 | 0.90 | 2.47 | 2.96 |
| 3 | 内容全面性 | 0.87 | 2.40 | 2.88 |
| 4 | 知识难度 | 0.84 | 2.31 | 2.31 |
| 5 | 教学风格 | 0.91 | 2.49 | 2.49 |
| 6 | 信息资源 | 0.33 | 1.39 | 2.09 |
| 7 | 教学方法 | 0.90 | 2.45 | 3.68 |
| 8 | 视频质量 | 0.48 | 1.62 | 1.62 |
| 9 | 课堂体验 | 0.90 | 2.46 | 2.95 |
| 10 | 教学反馈 | 0.53 | 1.70 | 2.55 |

## 4.4.2　自然科学类课程技术质量属性重要度的计算

由于本章人文社科类课程和自然科学类课程的学习需求和技术质量属性采用同一套指标，自然科学类课程技术质量属性对学习需求的支持程度的评分与人文社科类课程一致，因此，自然科学类课程学习需求与技术质量属性关系矩阵沿用表 4-7 中的内容。

在表 4-13 中的自然科学类课程学习需求重要度及表 4-7 中的技术质量属性对学习需求的支持关系矩阵的基础上，根据公式(4-4)，可计算出自然科学类课程技术质量属性重要度。下面以在线课程技术质量属性“知识量”的重要度 $TQ_{知识量}$ 为例：

$$TQ_{知识量}=r_{教师资质-知识量}\times W_{教师资质}+r_{内容有用性-知识量}\times W_{内容有用性}+\cdots=0\times 3.06+1\times 2.96+\cdots=28.88$$

以此类推，可计算出所有的自然科学类课程技术质量属性的重要度，结果如表 4-14 所示。以表 4-14 中所有的课程技术质量属性重要度构成质量屋的地板部分。

**表 4-14　自然科学类课程各技术质量属性重要度**

| 维度 | 技术质量属性 | 技术质量属性重要度 |
|---|---|---|
| 课程内容 | 知识量 | 28. 88 |
| | 内容多样化呈现 | 55. 96 |
| | 课程视频 | 25. 52 |
| 课程教师 | 教学水平 | 79. 85 |
| | 学习兴趣培养 | 52. 68 |
| 教学设计 | 教学安排 | 46. 64 |
| | 教学模式 | 63. 39 |
| | 教学活动 | 33. 44 |
| 辅助教学资源 | 课后习题 | 29. 38 |
| | 答疑与辅导 | 40. 59 |
| 系统功能 | 系统功能 | 34. 54 |

## 4.4.3　自然科学类课程的质量规划

采用百度 AI 自然语言处理技术对自然科学类非国家一流课程和国家一流课程的学习评论进行情感分析，分别统计出非国家一流课程评论中涉及各技术质量属性时的细粒度情感分布和国家一流课程评论中涉及各技术质量属性时的细粒度情感分布。结果如表 4-15、表 4-16 所示。

**表 4-15　自然科学类非国家一流课程质量属性细粒度情感分布**　　单位：条

| 技术质量属性 | 涉及属性的细粒度情感为好评且整体情感为正向的评论记录数 | 涉及属性的细粒度情感为差评且整体情感为正向的评论记录数 | 涉及属性的细粒度情感为好评且整体情感为负向的评论记录数 | 涉及属性的细粒度情感为差评且整体情感为负向的评论记录数 |
|---|---|---|---|---|
| 知识量 | 275 | 27 | 3 | 15 |
| 内容多样化呈现 | 1458 | 168 | 26 | 112 |
| 课程视频 | 467 | 330 | 3 | 228 |
| 教学水平 | 3020 | 118 | 24 | 144 |

续表 4-15

| 技术质量属性 | 涉及属性的细粒度情感为好评且整体情感为正向的评论记录数 | 涉及属性的细粒度情感为差评且整体情感为正向的评论记录数 | 涉及属性的细粒度情感为好评且整体情感为负向的评论记录数 | 涉及属性的细粒度情感为差评且整体情感为负向的评论记录数 |
|---|---|---|---|---|
| 学习兴趣培养 | 86 | 1 | 1 | 3 |
| 教学安排 | 36 | 8 | 0 | 11 |
| 教学模式 | 425 | 20 | 2 | 22 |
| 教学活动 | 522 | 35 | 4 | 50 |
| 课后习题 | 183 | 185 | 1 | 75 |
| 答疑与辅导 | 59 | 6 | 1 | 7 |
| 系统功能 | 122 | 12 | 0 | 23 |

表 4-16 自然科学类国家一流课程质量属性细粒度情感分布 单位：条

| 技术质量属性 | 涉及属性的细粒度情感为好评且整体情感为正向的评论记录数 | 涉及属性的细粒度情感为差评且整体情感为正向的评论记录数 | 涉及属性的细粒度情感为好评且整体情感为负向的评论记录数 | 涉及属性的细粒度情感为差评且整体情感为负向的评论记录数 |
|---|---|---|---|---|
| 知识量 | 1952 | 162 | 54 | 78 |
| 内容多样化呈现 | 12331 | 641 | 405 | 668 |
| 课程视频 | 5002 | 1347 | 400 | 456 |
| 教学水平 | 16979 | 376 | 152 | 513 |
| 学习兴趣培养 | 526 | 9 | 10 | 8 |
| 教学安排 | 425 | 58 | 11 | 54 |
| 教学模式 | 1002 | 40 | 19 | 23 |
| 教学活动 | 3044 | 127 | 104 | 45 |
| 课后习题 | 1395 | 640 | 110 | 188 |
| 答疑与辅导 | 180 | 55 | 2 | 30 |
| 系统功能 | 811 | 138 | 63 | 96 |

然后，在表 4-15、表 4-16 的基础上，根据表 4-3 中的评分标准，可分别计算出自然科学类非国家一流课程和国家一流课程在各技术质量属性上的得分值 $QF$ 和 $QG$。下面以非国家一流课程在技术质量属性“知识量”上的得分值 $QF_{知识量}$ 为例来说明计算过程：

根据表 4-15、表 4-16 可知：对于自然科学类非国家一流课程而言，学习者在“知识量”上的细粒度情感为正向情感且整条评论为好评的记录数为 275；在“知识量”上的细粒度情感为正向情感但整条评论为差评的记录数为 3；在“知识量”上的细粒度情感为负向情感但整条评论为好评的记录数为 27；在“知识量”上的细粒度情感为负向情感且整条评论为差评的记录数为 15。根据本章 4.2 节表 4-3 中的计分规则，可得到：$QF_{知识量}=(275\times4+3\times3+27\times2+15\times1)/(275+3+27+15)=3.68$。同理，可计算得到自然科学类非国家一流课程和国家一流课程在各技术质量属性上的得分值 $QF$ 和 $QG$。结果如表 4-17 所示，以此可确定质量屋的地下室部分。

**表 4-17　自然科学类非国家一流课程和国家一流课程技术质量属性得分**

| 技术质量属性 | 非国家一流课程 | 国家一流课程 |
| --- | --- | --- |
| 知识量 | 3.68 | 3.73 |
| 内容多样化呈现 | 3.60 | 3.74 |
| 课程视频 | 2.69 | 3.38 |
| 教学水平 | 3.79 | 3.86 |
| 学习兴趣培养 | 3.87 | 3.91 |
| 教学安排 | 3.11 | 3.47 |
| 教学模式 | 3.77 | 3.85 |
| 教学活动 | 3.63 | 3.85 |
| 课后习题 | 2.66 | 3.16 |
| 答疑与辅导 | 3.53 | 3.24 |
| 系统功能 | 3.41 | 3.43 |

### 4.4.4　自然科学类课程 QFD 质量屋的构建

按照前文中在线课程 QFD 质量屋的构建方法，以表 4-12 中的学习需求及其重要度为质量屋的左墙，以表 4-1 中的在线课程技术质量属性为屋顶，以表 4-7 中的在线课程技术质量属性对学习需求的支持关系矩阵为房间，以表 4-14 中的在线课程技术质量属性重要度为地板，以表 4-15、表 4-16 中非国家一流课程和国家一流课程技术质量属性的得分为地下室，最终构建出自然科学类课程质量提升的 QFD 质量屋如图 4-4 所示。在自然科学类非国家一流课程及国家一流课程技术质量属性得分的基础上，结合各技术质量属性的重要度值，依据公式(4-5)可得到自然科学类非国家一流课程在所有技术质量属性上的综合提升度，结果如图 4-4 中的综合提升度部分所示。

<table>
<tr><th colspan="3">左墙</th><th colspan="11">屋顶</th></tr>
<tr><th colspan="2" rowspan="2">学习需求</th><th rowspan="2">学习需求重要度</th><th colspan="3">课程内容</th><th colspan="2">课程教师</th><th colspan="3">教学设计</th><th colspan="2">教学支持</th><th>系统功能</th></tr>
<tr><th>知识量</th><th>内容多样化呈现</th><th>课程视频</th><th>教学水平</th><th>学习兴趣培养</th><th>教学安排</th><th>教学模式</th><th>教学活动</th><th>课后习题</th><th>答疑与辅导</th><th>系统功能</th></tr>
<tr><td colspan="2">教师资质</td><td>3.06</td><td></td><td></td><td></td><td>9</td><td>7</td><td></td><td>7</td><td></td><td></td><td></td><td></td></tr>
<tr><td colspan="2">内容有用性</td><td>2.96</td><td>1</td><td>3</td><td></td><td></td><td></td><td></td><td></td><td></td><td></td><td></td><td></td></tr>
<tr><td colspan="2">内容全面性</td><td>2.88</td><td>9</td><td>7</td><td></td><td></td><td></td><td></td><td></td><td></td><td></td><td></td><td></td></tr>
<tr><td colspan="2">知识难度</td><td>2.31</td><td></td><td></td><td></td><td></td><td></td><td>3</td><td></td><td></td><td></td><td></td><td></td></tr>
<tr><td colspan="2">教学风格</td><td>2.49</td><td></td><td></td><td></td><td></td><td>9</td><td></td><td></td><td></td><td></td><td></td><td></td></tr>
<tr><td colspan="2">信息资源</td><td>2.09</td><td></td><td>3</td><td>1</td><td></td><td></td><td>3</td><td></td><td></td><td>7</td><td>1</td><td>5</td></tr>
<tr><td colspan="2">教学方法</td><td>3.68</td><td></td><td></td><td></td><td>7</td><td></td><td>3</td><td>9</td><td>3</td><td></td><td></td><td></td></tr>
<tr><td colspan="2">视频质量</td><td>1.62</td><td></td><td></td><td>9</td><td></td><td></td><td></td><td></td><td></td><td></td><td></td><td>7</td></tr>
<tr><td colspan="2">课堂体验</td><td>2.95</td><td></td><td>7</td><td>3</td><td>9</td><td>3</td><td>5</td><td>3</td><td>5</td><td>5</td><td>7</td><td></td></tr>
<tr><td colspan="2">教学反馈</td><td>2.55</td><td></td><td></td><td></td><td></td><td></td><td>3</td><td></td><td>3</td><td></td><td>7</td><td>5</td></tr>
<tr><td colspan="3">地板：技术质量属性重要度</td><td>28.88</td><td>55.96</td><td>25.52</td><td>79.85</td><td>52.68</td><td>46.64</td><td>63.39</td><td>33.44</td><td>29.38</td><td>40.59</td><td>34.54</td></tr>
<tr><td rowspan="4">地下室</td><td rowspan="4">质量规划</td><td>非国家一流课程</td><td>3.68</td><td>3.60</td><td>2.69</td><td>3.79</td><td>3.87</td><td>3.11</td><td>3.77</td><td>3.63</td><td>2.66</td><td>3.53</td><td>3.41</td></tr>
<tr><td>国家一流课程</td><td>3.73</td><td>3.74</td><td>3.38</td><td>3.86</td><td>3.91</td><td>3.47</td><td>3.85</td><td>3.85</td><td>3.16</td><td>3.24</td><td>3.43</td></tr>
<tr><td>改进目标</td><td>3.73</td><td>3.74</td><td>3.38</td><td>3.86</td><td>3.91</td><td>3.47</td><td>3.85</td><td>3.85</td><td>3.16</td><td>3.53</td><td>3.43</td></tr>
<tr><td>综合提升度</td><td>0.39</td><td>2.09</td><td>5.21</td><td>1.45</td><td>0.54</td><td>4.84</td><td>1.32</td><td>1.91</td><td>4.65</td><td>0.00</td><td>0.20</td></tr>
</table>

**图 4-4　自然科学类课程质量提升 QFD 质量屋**

### 4.4.5 自然科学类课程质量提升策略

与人文社科类课程相同，以课程技术质量属性的技术重要度为横纵，以技术质量属性的综合提升度为纵轴，并以重要度与提升度的均值为分界线，将11个技术质量属性映射到四象限中，如图4-5所示。

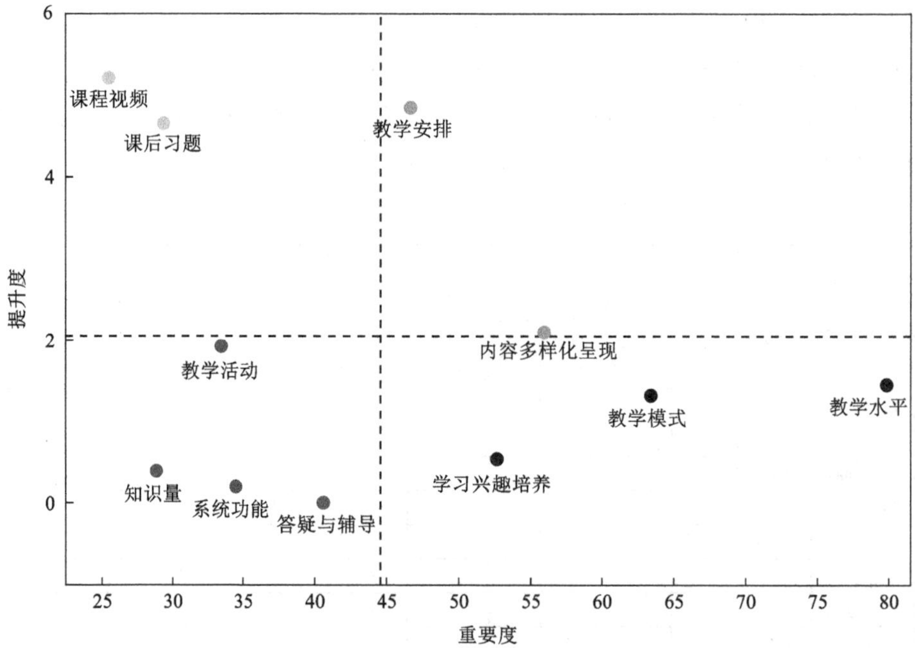


图4-5　自然科学类课程技术质量属性分类图

从自然科学类课程技术质量属性的技术重要度来看，由图4-5可知："内容多样化呈现""教学水平""学习兴趣培养""教学安排""教学模式"等技术质量属性的技术质量重要度值均高于均值，因此，"内容多样化呈现""教学水平""学习兴趣培养""教学安排""教学模式"5个技术质量属性为自然科学类课程质量提升的关键因素。而这一结果与人文社科类课程的在线课程质量提升关键因素一致，这表明无论是自然科学类课程还是人文社科类课程，其质量提升的关键因素具有共通性。

从综合提升度来看，相对于国家一流课程，自然科学类非国家一流课程在

“课程视频”“课后习题”“教学安排”“内容多样化呈现”4 个技术质量属性上的综合提升度值高于均值，且这 4 个技术质量属性综合提升度值的累积占比达到了 74.29%。这意味着非国家一流课程与国家一流课程的差距主要是由“课程视频”“课后习题”“教学安排”“内容多样化呈现”4 个技术质量属性造成的。从评论内容上看，相对于国家一流课程而言，非国家一流课程的课程视频在课件文字的清晰度、字幕等细节方面与一流课程存在着较大的差距，部分课程存在课件文字字体偏小、文字不清晰、视频缺少字幕或有字幕但与声音不同步等问题，导致学习者的学习体验不佳；课后习题存在着与课堂知识点联系不紧密，习题答案过于简单缺乏详细解答过程等问题；教学安排存在部分视频时长过长、部分视频时长过短等课程视频时长不统一、课程视频包含的知识点数量偏差较大等问题，容易引起学习者的视觉疲劳；内容多样化呈现存在着课程内容呈现形式单一，内容呈现主要依赖课件文字呈现的问题，使学习者感觉课程较为枯燥。此外，从图 4-4 中的结果还可发现：“课程视频”的综合提升度最高，明显高于其他技术质量属性的综合提升度。这与人们的刻板印象(国家一流线上课程与非一流课程之间的差距主要是由任课教师教学水平所决定)存在较大的区别。因此，对于自然科学类非国家一流课程而言，在其质量提升过程中，应在“课程视频”“课后习题”“教学安排”及“内容多样化呈现”4 个方面进行重点改进。

综合上述 4 个技术质量属性在技术质量重要度和综合提升度两个维度上的得分可发现：“课程视频”“课后习题”“教学安排”“内容多样化呈现”4 个技术质量属性可分为 2 个层次，其中“内容多样化呈现”“教学安排”2 个技术质量属性的重要度及综合提升度均高于均值，位于图 4-5 中的第一象限，因此，“内容多样化呈现”“教学安排”这 2 个技术质量属性为非一流课程质量提升过程中的第一层次的质量改进点；对于“课程视频”“课后习题”而言，从图 4-5 中可发现：“课程视频”“课后习题”的综合提升度值明显高于均值，但其技术质量重要度值明显低于均值，因此，在非一流课程的质量改进过程中，其属于第二层次的质量改进点。

因此，对于自然科学类课程而言，应优先提升“内容多样化呈现”“教学安排”2 个技术质量属性。课程建设者在进行教学设计时，应当充分发挥线上课程教学手段丰富的优势，在呈现教学内容时，可以以现场程序代码操作运行、动画等形式对内容进行呈现。在教学安排上可以对课程内容进行模块化设计，将课程内容划分为若干个模块，每个模块围绕一个核心知识点展开，尽量做到一个视频对应一个知识点，单个教学视频的时长不超过10分钟，单次课的视频时长不超过30分钟，以便于学习者有针对性地学习和复习。对于“课程视频”和“课后习题”2个第二层次改进点而言，课程建设者应当在课程视频及课件的制作过程中，选择大小合适的文字字体，合理设置课件文字与课件背景的色差，为视频制作相应的字幕，并做到字幕与声音的一致性。课后习题需要做到题目与课程内容紧密相关，并提供详细的解答过程，以提升学习者课程学习体验。

## 4.5 本章小结

在线课程属于服务型产品范畴，其质量的提升主要是由服务的技术质量属性所驱动，而非单纯的学习者需求。本章在第3章获取的学习需求的基础之上，从服务型产品质量设计的视角出发，以人文社科和自然科学类国家一流课程为对标对象，以非国家一流课程为研究对象，采用QFD方法将学习需求转化为在线课程的技术质量属性，以此为基础构建了人文社科和自然科学类课程的质量屋，最终确定了人文社科和自然科学类非国家一流课程的质量提升路径。

# 第 5 章

# 基于能力成熟度及云模型的在线课程质量迭代效果评价

在上一章中探讨了非国家一流课程的质量提升路径设计的问题。相对于非国家一流课程而言，国家一流课程的质量改进缺少明确的对标对象，其质量改进过程是一个由课程建设者自身根据对学习需求的理解对课程进行逐步迭代的过程。课程迭代的效果如何，迭代效果如何测度，是国家一流线上课程质量建设过程中的关键问题，本章围绕这些问题展开研究。

## 5.1 基于成熟度的在线课程质量迭代效果评价体系构建

从本质上看，在线课程属于软件产品的范畴，软件产品当前主要采用能力成熟度模型对迭代过程进行评估，因此，本章借鉴能力成熟度模型的思想，通过构建在线课程质量成熟度模型对在线课程的迭代效果进行评估。

### 5.1.1 在线课程质量成熟度模型

借鉴能力成熟度模型(CMM)的思想，将在线课程的质量成熟度由低到高依次划分为五个阶段，分别为初始阶段($L1$)、可重复阶段($L2$)、定义阶段($L3$)、管理阶段($L4$)和优化阶段($L5$)。后一个成熟度阶段是在前一个阶段建设发展的基础上完善而来，为前一个成熟度阶段的提升提供目标指引。参考国家级线上一流课程评审指标，根据学习评论中对学习者对课程质量评价的定性语言描述，采用情感分析技术作为课程迭代效果的反馈，确定在线课程质量成熟度模型框架，如表 5-1 所示。

**表 5-1　在线课程质量成熟度分级**

| 能力成熟度阶段 | 情感区间 | 评价标准 |
|---|---|---|
| *L*1 | (0, 0.6] | 课程缺乏结构和正式规划。教学活动和平台功能经常不稳定或不规范，学习体验通常令人困惑。教师资质不均，依靠个人经验进行教学，课程质量较低 |
| *L*2 | (0.6, 1.2] | 课程开始有规范的操作和一致性，但仍然基于教师的个人能力来实施。教学活动更加规范，但仍未完全系统化。课程能够在相似条件下重复实施，尽管可能存在质量波动 |
| *L*3 | (1.2, 1.5] | 建立了网络课程实施过程的基本规则，有合理的进度和考核，学习资源丰富，教学平台稳定，教师条件有保障，设立了专门的组织机构，制定了网络课程管理制度 |
| *L*4 | (1.5, 1.8] | 网络课程实施过程的基本规则、进度和监测考核较为完备和规范，学习资源丰富多样，教学平台完善，人员配置合理，可以对整个教学过程进行整体组织协调 |
| *L*5 | (1.8, 2] | 网络课程实施过程活跃有序，可以有效预测网络课程的质量，并根据预测、评估不断调整和更新流程，持续提高网络课程实施质量 |

### 5.1.2　基于成熟度的课程质量迭代效果评价体系

#### 1. 指标的选取

根据第 2 章所介绍的 KANO 模型的思想，学习者对课程的需求可分为必备型需求、期望型需求以及魅力型需求三种类型，其中，必备型需求具有当课程质量满足这些需求时，学习者对课程的满意度不会因此而上升，但当课程质量不满足这些需求时，学习者对课程的满意度会下降的特点；期望型需求则具有当课程满足这些需求，学习者对课程的满意度上升，而当课程不满足这些需求时，学习者对课程的满意度会下降的特点。魅力型需求具有当课程满足这类需求时，学习者对课程的满意度会上升；当课程不满足这些需求时，学习者对课程的满意度并不会因此而下降的特点。对国家一流线上课程而言，质量迭代目标主要以满足学习者的期望型需求和魅力型需求为主。因此，以第 3 章所确定的期望型学习需求（“课堂体验”“教师资质”“内容有用性”“内容全面性”）和魅力型学习需求（“教学资源”“信息资源”“教学反馈”）为基础，最终确定“课堂体验”“教师资质”“课程内容”“教学方法”“信息资源”“教学反馈”为在线课程质量迭代效果评估的指标。

### 2. 在线课程质量迭代效果评价指标成熟度等级要求

在上述的在线课程质量迭代效果评估指标的基础之上，参考国家级线上一流课程评审指标，结合国家一流课程实际的建设情况，确定各个课程质量迭代指标的能力成熟度要求，如表 5-2 所示。

**表 5-2　在线课程质量迭代效果评价指标成熟度等级要求**

| 指标 | 等级 | 关键过程域 |
| --- | --- | --- |
| 课堂体验 | *L*1 | 不一致且通常不令人满意，学生往往感到迷茫和不参与 |
| | *L*2 | 环境趋于规范化，学生的基本课堂体验开始趋于一致 |
| | *L*3 | 学生的课程体验达到基本一致，达到了学习者质量预期 |
| | *L*4 | 学生的课堂体验一致且较好 |
| | *L*5 | 提供高度个性化和满足学生需求的体验，高度互动和参与 |
| 教师资质 | *L*1 | 教师的专业性和经验不足，依赖个人魅力 |
| | *L*2 | 教师具备必要的资质和基本的教学技能，具有初步的教学团队 |
| | *L*3 | 教师具有扎实的专业背景和教学方法论，具有基本完整的教学团队 |
| | *L*4 | 教师能根据学生的反馈进行教学模式的调整，教学团队完善 |
| | *L*5 | 教师具有高级专业知识和技能，持续进行专业提升 |
| 课程内容 | *L*1 | 内容经常不完整或过时，缺乏结构和深度 |
| | *L*2 | 课程内容更加规范，涵盖基本的学科知识 |
| | *L*3 | 课程内容符合质量标准，有序且连贯 |
| | *L*4 | 课程内容可以根据学生的需求和学科的发展按时更新 |
| | *L*5 | 课程内容丰富、更新及时，与最新行业标准和技术进步同步 |

续表 5-2

| 指标 | 等级 | 关键过程域 |
| --- | --- | --- |
| 教学方法 | L1 | 主要依赖传统讲授，缺乏互动性和创新 |
| | L2 | 引入更多的教学工具和基本的互动性，但仍有改进空间 |
| | L3 | 教学方法更加多样化，开始尝试不同的教学模式和技术 |
| | L4 | 教学方法可以根据学生的学习风格和需求进行调整 |
| | L5 | 采用创新和多样化的教学方法，包括翻转课堂、协作学习等 |
| 信息资源 | L1 | 资源有限，多数情况下不可靠或难以访问 |
| | L2 | 提供基本的学习资料，尽管仍有限 |
| | L3 | 提供更多质量较高的学习材料和信息资源 |
| | L4 | 信息资源丰富，基本满足学生和教师的需求 |
| | L5 | 广泛的数字资源和工具，支持多样化的学习路径和深度探索 |
| 教学反馈 | L1 | 缺乏有效的反馈机制，学生和教师之间的沟通不畅 |
| | L2 | 开始实施基本的反馈收集，但仍不够系统和全面 |
| | L3 | 建立了较为系统的反馈机制 |
| | L4 | 反馈系统高度整合，支持教学改进 |
| | L5 | 建立了综合的反馈系统，实时评估和调整教学策略 |

## 5.2 在线课程质量迭代效果评价方法

由于国家一流线上课程的质量迭代效果主要是通过课程改进过程中学习者在各个指标上的评语情感的变化进行判别，而学习者在各个指标上的评语基本为定性的文本，因此，本章采用云模型对国家一流线上课程的质量迭代效果进行评估。具体的评价流程包括评语情感量化、评价指标权重计算、云模型评价和评价结果分析四个部分。

### 5.2.1 评语情感量化方法

以中国大学 MOOC 平台上的上线的人文社科类和自然科学类国家一流线上课程的学习评论作为数据源，专注于探讨不同类别(即人文社科和自然科学)国家级一流课程在不同阶段的在线评论情感变化。由于第一批国家级一流课程的早期评论相对较少，所以选取教育部公布的第二批国家级一流线上课程名单中在中国大学 MOOC 平台上的上线的课程作为研究对象。考虑到课程迭代改进的动态性，基于第二批一流课程的申报和认定时间节点，将评论数据划分为三个不同的时间阶段：申报前(T1)、申报后(T2)、认定后(T3)。申报前对应的时间段为 2019 年至 2021 年，申报后对应的时间段为 2021 年至 2023 年，认定后对应的时间段为 2023 年至 2024 年。借助 LTP 平台将收集的评论进行分句，将带有评价词和特征词的句子作为主观句提取，将提取到的主观句和各个主题进行一一匹配，从而提取出学习评语所关注的主题，然后对各主观句进行依存句法分析，从而提取出修饰主题特征词的程度副词和否定词，标注该特征词的情感极性值，用以调整每个主题的情感值。将不同程度的程度副词划分为以下五个等级。

**表 5-3　情感极性量化标准**

| 程度副词 | 极性值 |
| --- | --- |
| 非常、极其、很…… | 2 |
| 稍微、较微、略微…… | 1.5 |
| 不太、还、一点…… | 0.5 |
| 没有程度副词的正向评价词 | 1 |
| 没有程度副词的负向评价词 | −1 |

依据表 5-3 中的评语情感极性量化标准，通过公式(5-1)可计算出学习者评语涉及指标的情感值。

$$情感值=程度副词的情感极性值\times评价词情感极性 \tag{5-1}$$

现以评语“课程内容有点简单”为例说明评语情感值的计算过程，首先识别出评语所涉及的主题为“课程内容”，然后，提取出修饰该主题的程度副词“有点”和评价词“简单”。根据百度情感词典，“有点”的极性值为 0.5，“简单”的极性值为 −1，因此可确定涉及“课程内容”主题时学习者的情感值为 $0.5\times(-1)=-0.5$。

### 5.2.2 指标权重的确定方法

#### 1. 指标体系标准化

由于在线课程质量迭代效果评价涉及多项指标，学习者针对这些在线课程指标评语的情感分布范围有较大的差异，因此，在进行指标权重计算之前，需要先对指标进行标准化处理。由于表 5-2 中的指标均为正向指标，因此，可以采用以下公式对在线课程质量迭代效果评价指标进行标准化处理。

$$x_{ij}=\frac{x_{ij}-\min(x_j)}{\max(x_j)-\min(x_j)} \tag{5-2}$$

式中：$x_{ij}$ 为评价指标 $x_j$ 在第 $i$ 个在线课程质量迭代改进阶段的学习评论情感原值；$x_j$ 为第 $j$ 个评价指标。

#### 2. 基于熵权法的指标权重计算方法

熵权法的原理是通过计算各指标的信息熵来确定权重，其具有较强的客观性，因此，本章采用熵权法对表 5-2 中 6 个在线课程质量迭代效果评价指标的权重进行计算。其步骤如下：

首先，首先，根据章节 5. 2. 1 中的公式(5-1)，计算出不同阶段学习评论涉及指标的情感值，以此为基础构造出情感矩阵 D。然后，依据公式(5-3)可计算出在同一指标 $j$ 下，在线课程质量迭代改进各个阶段的情感值占全部值的比重 $p_{ij}$。

$$p_{ij}=\frac{D_{ij}}{\sum_{i=1}^{n} D_{ij}} \tag{5-3}$$

式中：$D_{ij}$ 为第 $i$ 个在线课程质量迭代改进阶段中评价指标 $j$ 的情感值。

其次，通过公式(5-4)可计算出各指标的信息熵 $H_j$。

$$H_j=-\frac{1}{\ln n}\left(\sum_{i=1}^{n} p_{ij}\ln p_{ij}\right) \tag{5-4}$$

式中：$p_{ij}$ 为在第 $i$ 个在线课程质量迭代改进阶段中评价指标 $j$ 的比重；$n$ 为课程迭代改进阶段总数。

指标 $j$ 的信息熵 $H_j$ 反映出学习者关于在线课程质量迭代评价指标 $j$ 的情感

值离散程度，通过熵冗余度计算各指标的初始权重 $\omega_j$，从而客观地确定各指标在评价体系中的相对重要性。其计算公式如下所示：

$$\omega_j = \frac{1 - H_j}{m - \sum_{j=1}^{m} H_j} \tag{5-5}$$

式中：$\omega_j$ 为指标 $j$ 的初始权重；$H_j$ 为指标 $j$ 的熵值；$m$ 为在线课程质量迭代改进评价指标总数。

### 5.2.3　基于云模型的国家一流线上课程质量迭代效果评价模型

#### 1. 云模型基本理论

由于学习者课程评论中的评语以自然语言文本为主，其情感表达具有模糊性、不确定性的特点，因此，本书拟采用云模型对学习评论中的模糊性和不确定性问题进行处理。具体思想如下：

通过在定性和定量描述之间建立云发生器，表示出课程迭代改进过程中各个时间段的迭代改进评价等级云滴图，以此直观地反映出国家一流课程的质量迭代情况。云模型的核心为三个数字特征，即期望（$Ex$）、熵（$En$）和超熵（$He$）。其中：$Ex$ 是云模型的中心，表示云模型在数量上的集中趋势；$Ex$ 通常是云滴的平均值，即定性概念在论域空间分布的期望；$En$ 是云模型中描述不确定性的关键参数，它表征了云滴的扩散范围，即定性概念不确定性的度量，$En$ 越大，课程评论的情感值的分布就越宽泛，课程等级隶属度的评价就越随机。$He$ 是熵的熵，描述了熵的不确定性，反映了熵本身的波动和分散程度，$He$ 越大，云模型的不确定性就越高。

#### 2. 云发生器

正向云发生器和逆向云发生器是云模型的重要组成部分，可以实现数据到概念的相互转化。本章使用云发生器绘制每类课程在各个质量指标主题下评论的情感值云图，直观地反映出了每类课程迭代改进过程中对于各个质量指标的改进迭代情况。云发生器算法如图 5-1 所示。

逆向云发生器算法用于从一组具体的云滴数据［Drop（$x$）］中推导云模型的三个数字特征（$Ex$、$En$、$He$），这一算法实现了具体的数据到抽象的概念特征的

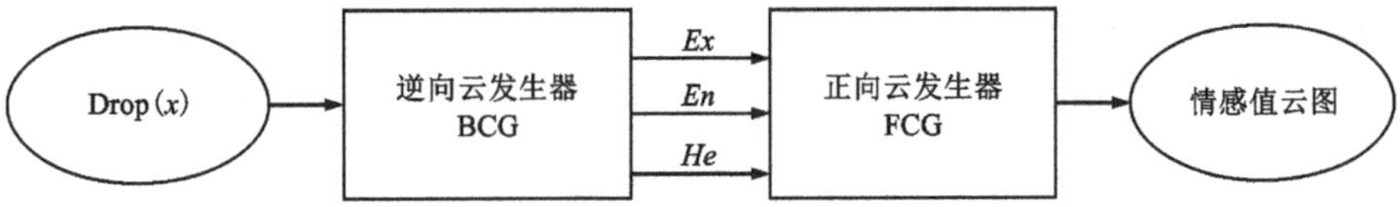


图 5-1　云发生器

提取。本书采用了首个无确定度的逆向云算法 SBCT-1stM 算法，其计算公式为：

$$Ex = \frac{1}{n}\sum_{i=1}^{n} x_i \tag{5-6}$$

$$En = \sqrt{\frac{\pi}{2}} \times \frac{1}{n}\sum_{i=1}^{n} | x_i - Ex | \tag{5-7}$$

$$He = | S^2 + En^2 | \tag{5-8}$$

$$S^2 = \frac{1}{n-1}\sum_{i=1}^{n} (x_i - Ex)^2 \tag{5-9}$$

式中：$n$ 为每类课程评论的数量；$x_i$ 为第 $i$ 条评论的情感极性值；$S^2$ 为各条评论的情感极性值方差。计算出自然科学类课程和人文社科类课程每个迭代改进阶段的三个数字特征，并作为输入值输入到正向云发生器，得到每个阶段的情感值云图，即每类课程迭代改进后的 CMM 等级隶属度情况。

### 3. 标准云模型构建

根据能力成熟度(CMM)模型，采用指标近似法，对表 5-1 中的 5 个课程质量成熟度等级建立能力成熟度标准云近似计算公式，公式如下：

$$\begin{cases} Ex = (C_{min} + C_{max})/2 \\ En = (C_{max} + C_{min})/6 \\ He = r \end{cases} \tag{5-10}$$

在公式(5-10)中，$r$ 的值可以根据指标的模糊性和随机性进行赋值；$C_{max}$ 和 $C_{min}$ 分别表示该能力成熟度区间的最大值和最小值。计算得出能力成熟度标准云的数字特征，如表 5-4 所示。由正向云发生器得出评价标准云图，如图 5-2 所示。

表 5-4　标准云数字特征

| 能力成熟度等级 | $C=(Ex, En, He)$ |
|---|---|
| 初始级 | (0.3, 0.1, 0.01) |
| 可重复级 | (0.9, 0.1, 0.01) |
| 定义级 | (1.35, 0.05, 0.01) |
| 管理级 | (1.65, 0.05, 0.01) |
| 优化级 | (1.9, 0.033, 0.01) |

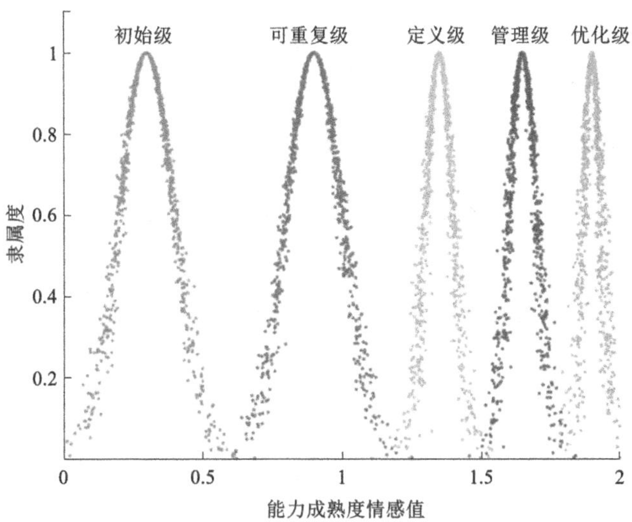


图 5-2　能力成熟度标准云

## 4. 指标云评价模型

基于各个评价指标的情感量化结果，加权计算各指标评估云和整体评估云数字特征，结合式(5-10)所得的标准云数字特征，通过正向云发生器生成评估云模型。具体计算公式如下：

$$\begin{cases} Ex_{\mathrm{p}} = \sum_{j=1}^{n} (Ex_j \omega_j) \\ En_{\mathrm{p}} = \sqrt{\sum_{j=1}^{m} (En_j^2 \omega_j)} \\ He_{\mathrm{p}} = \sum_{j=1}^{m} (He_j \omega_j) \end{cases} \tag{5-11}$$

式中：$\omega_j$ 为指标 $j$ 的权重；$Ex_j$ 为指标 $j$ 的能力成熟度期望值；$En_j$ 为指标 $j$ 的能力成熟度熵值；$He_j$ 为指标 $j$ 的能力成熟度超熵；$Ex_{\mathrm{p}}$ 为综合评估云的期望值；$En_{\mathrm{p}}$ 为综合评估云的熵值；$He_{\mathrm{p}}$ 为综合评估云的超熵。采用最大隶属度法确定课程迭代改进各个阶段隶属的能力成熟度评价等级。

## 5.3 在线课程属性情感量化分析

按教育部公布的第二批国家一流课程申报时间和第二批国家一流课程的获批时间为关键时间阶段，将课程的建设周期分为申报前(T1)、申报后-认定前(T2)和认定后(T3)三个结果，将从中国大学 MOOC 平台获取的人文社科类和自然科学类第二批国家一流线上课程的学习评论按上述三个时间阶段进行分类汇总，得到所有在线课程在各个阶段的学习评论数据量，评论数如表 5-5 所示。

**表 5-5 学习评论数据量**

| 时间段 | 原始评论数量 | 处理后评论数量 |
|---|---|---|
| 申报前(T1) | 36559 | 28973 |
| 申报后-认定前(T2) | 21484 | 15764 |
| 认定后(T3) | 14183 | 11523 |

根据 5.2.1 小节中的评语情感量化方法，对提取到的所有在线课程的学习评论进行属性情感量化分析。首先，通过依存句法分析，可以识别每个评论句子的语法元素，并提取其中的主观句。然后，对这些句子进行在线课程属性分类，以便更好地评估在线课程质量迭代的效果。对于那些带有程度副词和用否

定词修饰的句子，通过量化这些句子的情感极性来评估自然科学类课程在各个迭代改进阶段中的总体情感均值，得到所有在线课程质量迭代改进各个阶段中按属性分类的总体情感均值，如表 5-6 所示。

**表 5-6　学习评论主题分类情感均值**

| 评估属性 | 时期 | | |
|---|---|---|---|
| | T1 | T2 | T3 |
| 课堂体验 | 1.02 | 1.46 | 1.55 |
| 教师资质 | 0.71 | 1.09 | 1.26 |
| 课程内容 | 1.03 | 1.35 | 1.41 |
| 教学方法 | 0.85 | 1.37 | 1.49 |
| 信息资源 | 0.83 | 1.56 | 1.77 |
| 教学反馈 | 1.08 | 1.57 | 1.68 |

## 5.4　在线课程质量评价指标权重的计算

依据表 5-6 中的在线课程属性情感量化分析结果，构建出 T1、T2、T3 这三个课程质量迭代阶段，第二批国家一流线上课程在表 5-2 中的各个质量迭代指标上的情感矩阵 $\boldsymbol{D}$ 如下所示：

$$\boldsymbol{D}=\begin{bmatrix} 1.02 & 0.71 & 1.03 & 0.85 & 0.83 & 1.08 \\ 1.46 & 1.09 & 1.35 & 1.37 & 1.56 & 1.57 \\ 1.55 & 1.26 & 1.41 & 1.49 & 1.77 & 1.68 \end{bmatrix}$$

采用 5.2.2 小节中的熵值法计算得到各类指标的权重 $\omega$，结果见表 5-7。由权重计算结果可知，在在线课程质量评价指标体系中，课堂体验、教师资质等六项指标的指导性比较均衡，各项指标权重结果相差不大，反映出以第 3 章所确定以期望型学习需求和魅力型学习需求为基础确定的在线课程迭代效果评价指标具有较高的科学性与合理性。

表 5-7　指标权重

| 指标项 | 权重 |
| --- | --- |
| 课堂体验 | 0. 1657 |
| 教师资质 | 0. 1703 |
| 课程内容 | 0. 1655 |
| 教学方法 | 0. 1658 |
| 信息资源 | 0. 1671 |
| 教学反馈 | 0. 1656 |

## 5.5　基于云模型人文社科类课程迭代效果评估

### 5.5.1　人文社科类课程迭代的整体效果分析

在人文社科类国家一流线上课程学习评论集的基础之上，利用 5. 2. 3 小节中的云发生器算法可计算出人文社科类国家一流线上课程在申报前(T1)、申报后-认定前(T2)、认定后(T3)这三个阶段的评价云数字特征，其中 T1 阶段的云数字特征为：(1. 19，0. 62，0. 1)；T2 阶段的云数字特征为：(1. 51，0. 48，0. 06)；T3 阶段的云数字特征为：(1. 83，0. 43，0. 06)。在此基础之上，绘制人文社科类课程质量效果评价的整体云图，结果如图 5-3 所示。

通过图 5-3 可发现：人文社科类课程在申报国家级一流课程之前(T1 时期)，课程质量整体离定义级尚存在一定的距离(*L*3-)，这表明此时的人文社科类型只是达到了基本的质量规范。从申报后到认定为国家级一流课程之前(T2 阶段)，人文社科类课程的整体质量有明显的提升，由 T1 时期的弱定义级状态提升到了弱管理级的状态(*L*4-)，即在 T2 时期，人文社科类课程的整体质量表现基本达到了学习者的质量预期。而在认定之后(T3 时期)，人文社科类课程的整体质量虽有一定程度的提升，但改进的进度放缓，整体质量等级达到了强管理级状态(*L*4+)，但和优化级相比还有相对大的差距，即在被认定为国家一流课程后，人文社科类课程的整体质量仍有一定的提升空间，课程质量的迭代已经开始逐步以满足学习者的魅力型需求为改进目标了，但总体而言，在后续的课程建设过程中，人文社科类课程的综合质量水平仍有一定的提升空

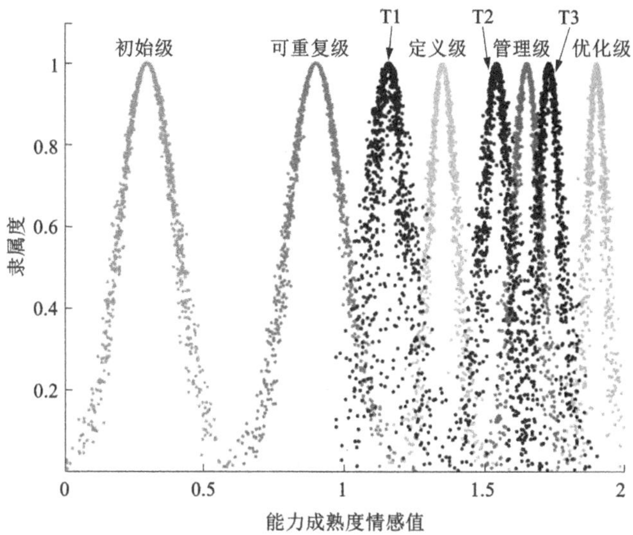


**图 5-3　人文社科类课程评价云图**

间。此外，从图 5-3 还可发现：相对 T1-T2 阶段的迭代效率，人文社科类课程在 T2-T3 阶段的迭代效率存在一定程度的放缓，这表明：部分人文社科类课程在被认定为国家一流课程后，开始出现质量迭代意愿不强的问题，这须引起教育管理部门的注意。

## 5.5.2　人文社科类课程迭代效果的细粒度分析

基于 5.1.2 小节构建的在线课程质量迭代效果评价指标体系，从各个质量指标层面对人文社科类课程在各个阶段的改进效果进行细粒度分析。根据逆向云发生器算法，获得人文社科类课程在课堂体验、教师资质、课程内容、教学方法、信息资源、教学反馈等六个质量指标上的云数字特征，结果如表 5-8 所示。

**表 5-8　人文社科类课程在各质量指标上的云数字特征**

| 质量指标 | 迭代改进周期 | | |
|---|---|---|---|
| | T1 | T2 | T3 |
| 课堂体验 | (1.13, 0.064, 0.026) | (1.47, 0.048, 0.019) | (1.86, 0.037, 0.113) |

**续表 5-8**

| 质量指标 | 迭代改进周期 | | |
|---|---|---|---|
| | T1 | T2 | T3 |
| 教师资质 | (1.00, 0.063, 0.017) | (1.41, 0.051, 0.012) | (1.55, 0.051, 0.011) |
| 课程内容 | (1.50, 0.061, 0.018) | (1.58, 0.048, 0.013) | (1.66, 0.044, 0.01) |
| 教学方法 | (1.15, 0.060, 0.03) | (1.6, 0.05, 0.019) | (1.65, 0.041, 0.018) |
| 信息资源 | (0.81, 0.06, 0.031) | (1.48, 0.044, 0.019) | (1.78, 0.044, 0.012) |
| 教学反馈 | (1.36, 0.062, 0.03) | (1.71, 0.048, 0.015) | (1.89, 0.043, 0.015) |

为了深入展现人文社科类课程在各项质量指标上的持续迭代过程，本节参照上一节中的课程整体评价云图的构建方法，在表 5-8 的基础之上，构建出人文社科类课程在课堂体验、教师资质、课程内容、教学方法、信息资源、教学反馈等六个质量指标上的评价云图，如图 5-4～图 5-9 所示。

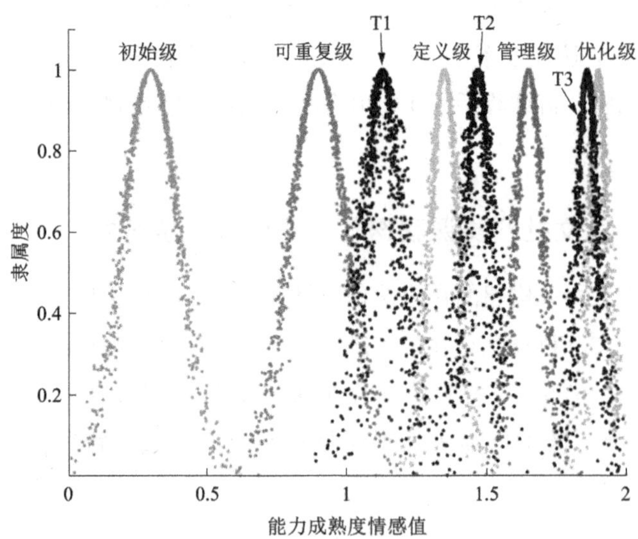


**图 5-4 课堂体验评价云图**

通过图 5-4 可发现：在 T1 阶段(申报前)，人文社科类课程在课堂体验指标上的初始状态为强可重复级的状态($L2+$)，表明在此阶段，虽然课程在课堂体验指标上的状态能够满足学习者的需求，但仍有部分学习者对人文社科类在学习体验指标上的表现并不认可。在 T2 阶段(申报后-认定前)处于强定义级的水平($L3+$)，这表明：在此阶段，人文社科类课程在课堂体验方面取得了长期的进步，课程在课堂体验方面达到了学习者对课程的基本预期。在 T3 阶段(认定后)，课程在课堂体验方面的质量进一步提升，达到了弱优化级的水平($L5-$)，即在此阶段，课堂体验已经达到了高度优化，课程不仅能满足学生的基本需求，还能根据反馈和数据进行持续改进，极大提高了学生的学习体验和参与感。对于课程的综合迭代水平而言，在课堂体验方面，人文社科类课程的迭代改进效果明显高于课程的综合质量水平，在后续的课程建设过程中，只要保持在指标上的质量水平即可。

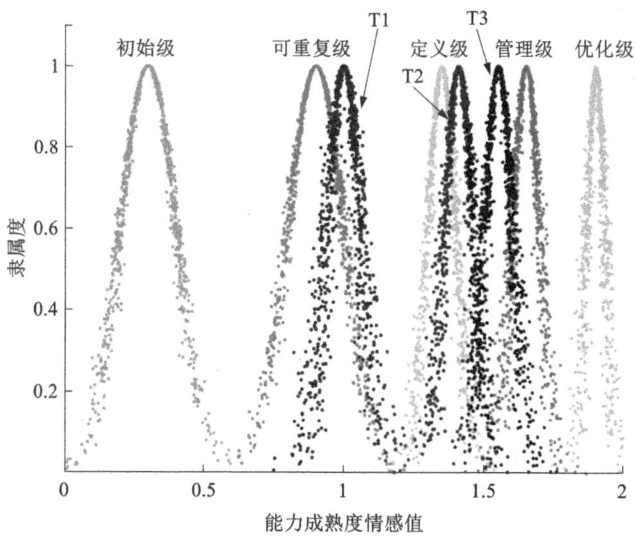


**图 5-5　教师资质评价云图**

通过图 5-5 可发现：在教师资质方面，人文社科类课程在 T1 阶段的初始状态处于强重复级的状态($L2+$)，即在申报国家一流课程前(T1)，课程在教师资质方面只是达到了基本的质量标准。从表 5-2 中的标准来看，这一时期的人文社科类的课程的教师在使用互联网教学技术方面的教学技能还不是很高，另外教学团队也尚未完全成型，课程教学存在偏重个别教师的问题。到了 T2 阶段，课程在教师资质方面得到了显著的提升，达到了强定义级的水平($L3+$)，即通过申报国家一流课程，人文社科类课程在教师的教学技能和教学团队建设方面均取得了长足的进步，即在此阶段，人文社科类课程的教师在教学过程中能够熟练使用相关的在线教学技术，教学也开始由前期过于依赖个别教师转向为面向整个团队。到 T3 阶段，在教师资质方面，人文社科类课程已经达到了弱管理级的状态（*L*4−），即教师不仅具备更高的专业素质和教学技能，教学团队还能通过有效的分工确保教学质量的稳定性和持续改进。但总体而言，虽然在教师资质方面，人文社科类课程取得长足的进步，但课程在该指标上的质量水平仍低于课程的综合水平，在后续的课程建设过程中仍有较大的质量提升空间。

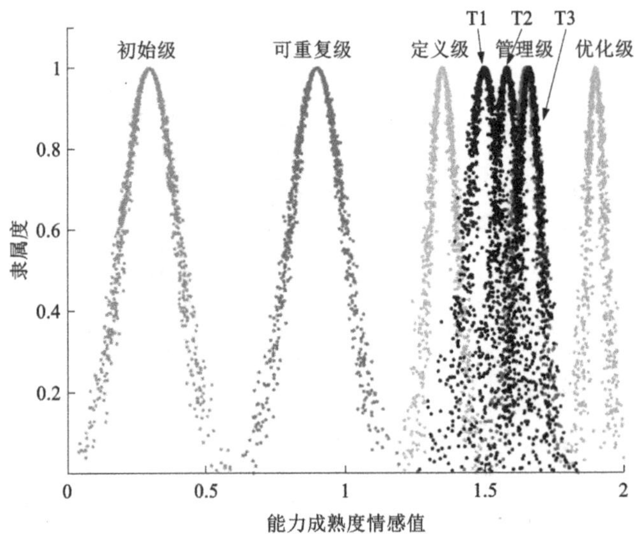


**图 5-6　课程内容评价云图**

从图 5-6 可发现：对于课程内容而言，人文社科类课程在申报前（T1 阶段），处于强定义级的状态（*L*3+），即在申报国家一流课程之前，人文社科类课程在课程内容建设方面已达到了国家质量标准。经过 T2 和 T3 两个阶段，人文社科类课程在课程内容方面经过迭代优化，最终达到了管理级（*L*4），即经过 T2 和 T3 两个阶段，课程内容得到了进一步的系统化和管理提升，能够根据学生需求和教学目标进行动态调整和优化，确保课程内容的高质量和高适应性，提升了教学效果。虽然在 T3 阶段，在课程内容方面达到了课程的综合质量水平，但人文社科类课程在课程内容指标上的迭代速度明显偏慢。

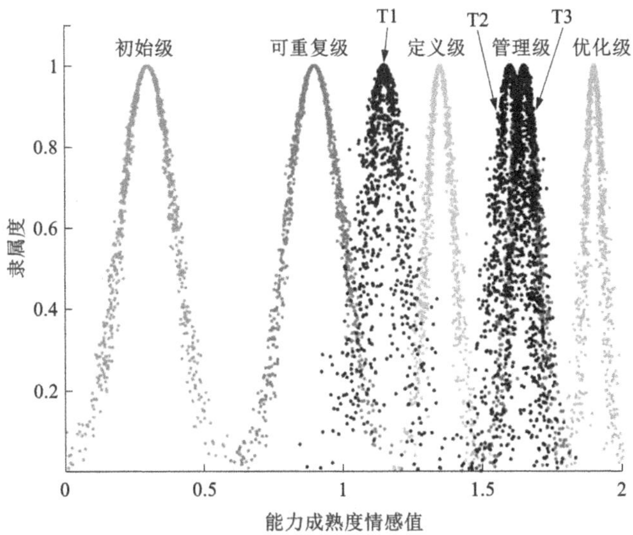


**图 5-7　教学方法评价云图**

通过图 5-7 可发现：在教学方法层面，人文社科类课程在申报前已达到弱定义级的水平（*L*3-），即：在申报前，人文社科类课程已经开始在课堂讲授过程中穿插启发式教学、问题引导式教学等教学方法，并获得学习者一定程度的认可。经过 T2 和 T3 两个阶段，课程在教学方法方面取得了显著的提升，达到了管理级的水平（*L*4），即经过 T2 和 T3 两个阶段，人文社科类已经能够在教学过程中灵活采用启发式教学、问题引导式教学等多种教学方法，并能够根据实际教学情况进行灵活调整，并且具有较强的适应性。但从图 5-7 还可发现：在 T3 阶段，人文社科类课程在教学方法层面达到的质量水平仍略低于课程的整体质量水平。此外，从图 5-7 还可发现：在 T2 到 T3 阶段，人文社科类课程在教学方法层面的迭代速度明显变慢，这也反映出人文社科类课程在教学方法层面迭代工作的持续性较差。

从图 5-8 可发现：T1 时期，人文社科类课程在信息资源指标上的质量水平处于弱可重复级的水平（*L*2-）；而到了 T2 时期，人文社科类课程在信息资源方面取得了明显的提升，达到了强定义级的水平（*L*3+）；在 T3 时期，课程在信息资源方面又取得一定的进步，达到了强管理级的质量水平（*L*4+）。从图 5-8 还可发现，在 T1 阶段，人文社科类课程在信息资源指标上的质量水平明显落后

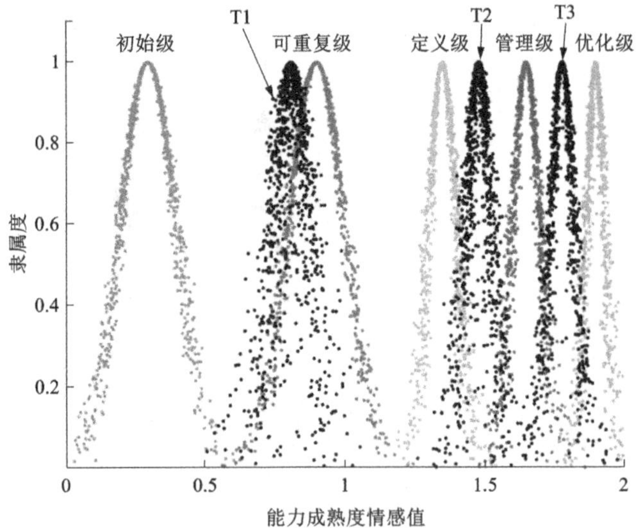


图 5-8　信息资源评价云图

于整体质量水平，而经过国家一流课程的建设，人文社科类课程在信息资源指标上的质量得到了显著的提升，达到了课程的综合质量水平。

从图 5-9 可发现：在 T1 阶段，人文社科类课程在教学反馈方面处于可定义级质量水平，经过 T2 和 T3 两个阶段，课程的教学反馈的质量水平提升至优

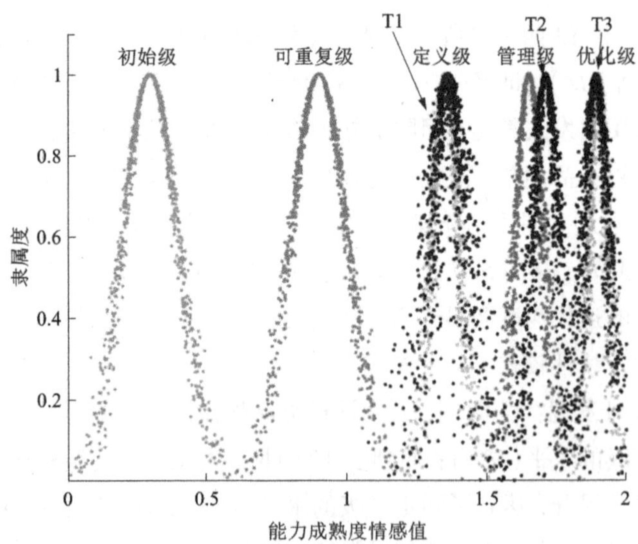


图 5-9　教学反馈评价云图

化级($L5$)，即到 T3 阶段，反馈机制已经高度优化，能够根据反馈数据实时调整教学策略，实现教学的动态优化和持续改进，显著提升了课程质量和学生的学习效果。

综合上述人文社科类课程从 T1 阶段到 T3 阶段在课堂体验、教师资质、课程内容、教学方法、信息资源、教学反馈等指标上的质量水平变化数据，可得到人文社科类课程在各指标上的细粒度迭代结果，如表 5-9 所示。

**表 5-9　人文社科类课程在各指标上的细粒度迭代结果**

| 人文社科类课程 | 阶段 | | |
|---|---|---|---|
| | T1 | T2 | T3 |
| 课堂体验 | $L2+$ | $L3+$ | $L5-$ |
| 教师资质 | $L2+$ | $L3+$ | $L4-$ |
| 课程内容 | $L3+$ | $L4-$ | $L4$ |
| 教学方法 | $L2+$ | $L4-$ | $L4$ |
| 信息资源 | $L2-$ | $L3+$ | $L4+$ |
| 教学反馈 | $L3$ | $L4+$ | $L5$ |
| 综合水平 | $L3-$ | $L4-$ | $L4$ |

通过表 5-9 的结果可发现：对于人文社科类课程而言，在申报前(T1 阶段)，课程在课堂体验、教师资质、课程内容、教学方法以及信息资源等方面的质量水平低于综合水平，到了课程认定后阶段(即 T3 阶段)，相对于申报前阶段(T1 阶段)，课程在各项指标上均取得长足的进步，课程的总体水平达到了管理级，能够全面满足学习者对课程的期望型质量需求，在部分指标(如：教学反馈)上能够满足学习者对课程的魅力型质量需求。但这些进展主要是在 T1-T2 阶段取得的，即在课程被认定为国家一流课程之前，人文社科类的课程建设者们对课程进行质量改进的内在动力较为充足，而在 T2-T3 阶段，由于课程已被认定为国家一流建设课程，课程建设者对课程进行质量改进的内在动力有一定程度的减弱，课程的教师资质、教学内容、教学方法三个指标的迭代改进效果明显弱于 T1-T2 阶段的改进效果，而课堂体验、信息资源、教学反馈等 3 个指标的持续改进效果较好。

## 5.6 自然科学类课程迭代改进评估

### 5.6.1 自然科学类课程整体迭代效果分析

与5.3.1节中的人文社科类课程整体迭代效果分析过程类似，利用5.2.3节中的云发生器算法可计算出自然科学类国家一流线上课程在申报前(T1)、申报后-认定前(T2)、认定后(T3)3个阶段的评价云数字特征，其中T1阶段的云数字特征为：(0.85，0.55，0.06)；T2阶段的云数字特征为：(1.34，0.46，0.05)；T3阶段的云数字特征为：(1.48，0.41，0.04)，在此基础之上，绘制自然科学类课程质量迭代整体效果评价云图，结果如图5-10所示。

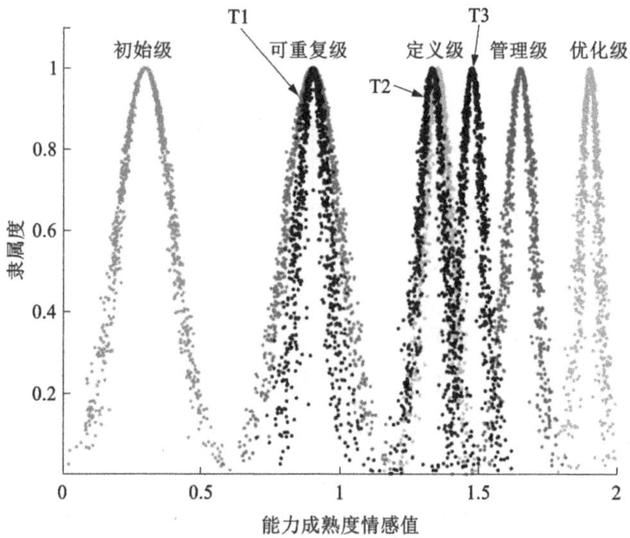


图5-10 自然科学类课程质量迭代综合效果云图

通过图5-10可发现：在课程质量迭代成效方面，在T1时期(申报前)，自然科学类课程的综合质量水平处于可重复级($L2$)状态，这表明在申报国家一流课程前，虽然自然科学类课程的质量表现能够获得学习者的基本认可，但仍有部分学习者对课程不满意。而到了T3时期(认定后)，自然科学类课程的综合质量水平达到强定义级($L3+$)的水平。这表明：经过国家一流课程的申报，自然科学类课程的综合质量水平有了一定程度的提升，质量水平能够满足学习者的基本需求，学习者对课程的满意度有较大的提升，但离优化级有较为明显的差距。通过图 5-10 还可发现：在课程质量迭代的持续性方面，相对 T1-T2 阶段的迭代效率，自然科学类课程在 T2-T3 阶段的迭代效率存在明显的下降，这表明：相当部分的自然科学类课程在被认定为国家一流课程后，缺乏课程质量持续改进的动力。

通过对比人文社科类课程的迭代效果(图 5-3)可发现：自然科学类课程的迭代起点更低，自然科学类课程的最终质量迭代效果也相对较差。这种差异可能源于相对于人文社科类课程，自然科学类课程内容难度相对较高、教学方法相对单调，且对学生的学习基础要求较高，导致了自然科学类课程在各阶段的评价等级普遍低于人文社科类课程。此外，值得注意的是，与人文社科类课程类似，在国家级一流课程认定结果公布后，自然科学类课程的迭代效率下降更为明显。

### 5.6.2　自然科学类课程迭代效果的细粒度分析

基于 5.1.2 节构建的在线课程质量迭代效果评价指标体系，从各个质量指标层面对人文社科类课程在各个阶段的改进效果进行细粒度分析。根据逆向云发生器算法，获得自然科学类课程在课堂体验、教师资质、课程内容、教学方法、信息资源、教学反馈等六个质量指标上的云数字特征，结果如表 5-10 所示。

**表 5-10　自然科学类课程在各质量指标上的云数字特征**

| 自然科学类课程 | 阶段 | | |
|---|---|---|---|
| | T1 | T2 | T3 |
| 课堂体验 | (1.02, 0.062, 0.021) | (1.26, 0.049, 0.013) | (1.43, 0.047, 0.012) |
| 教师资质 | (0.71, 0.056, 0.017) | (1.09, 0.04, 0.014) | (1.26, 0.032, 0.013) |
| 课程内容 | (1.03, 0.048, 0.011) | (1.31, 0.045, 0.008) | (1.46, 0.035, 0.008) |
| 教学方法 | (0.85, 0.058, 0.013) | (1.36, 0.052, 0.012) | (1.49, 0.049, 0.012) |
| 信息资源 | (0.83, 0.054, 0.021) | (1.51, 0.047, 0.016) | (1.78, 0.045, 0.014) |
| 教学反馈 | (0.99, 0.055, 0.01) | (1.36, 0.054, 0.01) | (1.48, 0.042, 0.009) |

为了深入展现自然科学类课程在各项质量指标上的持续迭代过程，本小节参照5.6.1小节中的课程综合评价云图的构建方法，在表5-10的基础之上，构建出自然科学类课程在课堂体验、教师资质、课程内容、教学方法、信息资源、教学反馈等六个质量指标上的评价云图，如图5-11～图5-16所示。

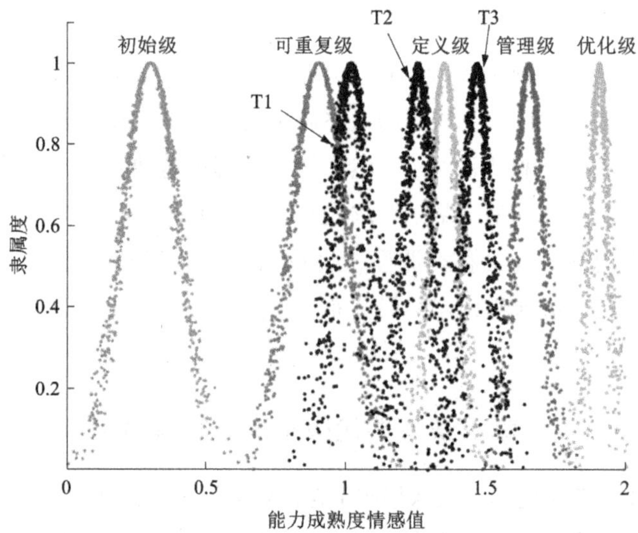


**图5-11　课堂体验评价云图**

通过图5-11发现：在课程迭代成效方面，T1时期(申报前)，自然科学类课程在课堂体验指标上的初始状态处于强可重复级的状态($L2+$)，而到了T3时期，经过国家一流课程的申报，课程在课堂体验指标上的质量水平得到了明显的提升，达到了强定义级的水平($L3+$)，达到了与自然科学类综合质量水平(图5-10)相一致的水平。这表明：自然科学类课程在课堂体验方面的质量改进具有一定的成效。由初期学习者对课程在该指标上的质量表现较为认可的状态，最终转化为学习者在该指标上对课程的认可度较高的状态。通过图5-11还可发现：自然科学类课程在课堂体验指标上的改进工作的持续性较好，即在T1-T2和T2-T3两个阶段，课程的课堂体验指标上的迭代效率较为一致。

对比人文社科类课程在课堂体验指标上的迭代效果(图5-4)可发现：人文社科类课程在课堂体验指标上由T1时期的强可重复级($L2+$)状态提升至T3时期的弱优化级状态($L5-$)；而自然科学类课程在课堂体验指标上的改进效果相

对更差，仅由 T1 时期的强可重复级状态（*L*2+）提升至 T3 时期的强定义级状态（*L*3+），这表明在课堂体验指标上，自然科学类课程仍存在较大的质量提升空间。

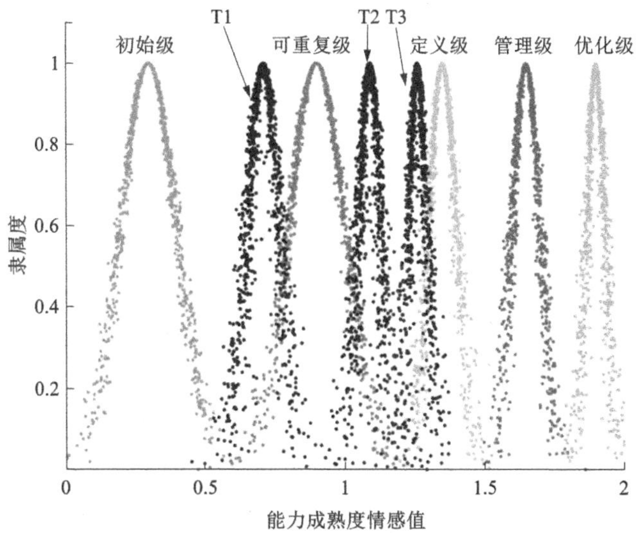


**图 5–12　教师资质评价云图**

通过图 5–12 发现：在课程质量迭代成效方面，T1 时期（申报前），自然科学类课程在教师资质指标上的初始状态为弱可重复级（*L*2–），这表明：在申报国家一流课程之前，自然科学类课程在教师资质方面较弱，课程教学团队也尚未形成。同时，对比图 5–10 可发现：自然科学类课程在教师资质指标上的初始质量水平明显低于课程的综合质量水平，是课程的质量短板；而到了 T3 时期，经过国家一流课程的申报，自然科学类课程在教师资质方面有了一定的质量提升，达到了弱定义级（*L*3–）的水平，但对比图 5–10 可发现，此时自然科学类课程在教师资质方面的质量水平仍低于综合质量水平，仍是自然科学类课程的质量短板。通过图 5–12 还可发现：在课程质量迭代的持续性方面，T2–T3 阶段自然科学类课程在教师资质方面的改进效率明显低于 T1–T2 阶段的效率，这反映出自然科学类课程在教师资质指标上的改进工作的持续性较差。

对比人文社科类课程在教师资质指标上的迭代效果（图 5–5）还可发现：在课程认定后（T3 时期），自然科学类课程在教师资质指标上的质量水平仍明显低于人文社科类在该指标上的质量水平。因此，在后续的质量建设过程中，自然科学类课程应当加强在教师资质方面的质量建设工作。

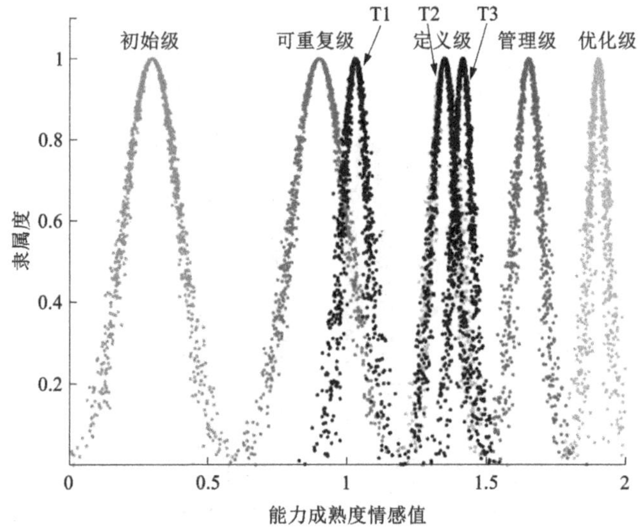


**图 5-13　课程内容评价云图**

通过图 5-13 发现：在课程质量迭代成效方面，T1 时期(申报前)，自然科学类课程在课程内容指标上的初始状态为强可重复级($L2+$)，而到了 T3 时期，达到了强定义级($L3+$)的水平，达到了与自然科学类综合质量水平(图 5-10)相一致的水平。这表明：经过国家一流课程的申报，自然科学类课程在教学内容方面的建设取得了一定的成效，但和优化级这一课程建设的终极目标仍有着非常大的差距。从图 5-13 还可发现：从课程迭代改进的持续性角度来看，T2-T3 阶段自然科学类课程在教学内容方面的改进效率明显低于 T1-T2 阶段的效率，这反映出自然科学类课程在教学内容指标上的改进工作的持续性较差。

对比人文社科类课程在教学内容指标上的迭代效果(图 5-6)还可发现：在课程认定后(T3 时期)，自然科学类课程在课程内容指标上的质量水平也明显低于人文社科类课程在该指标上的质量水平。因此，在后续的质量建设过程中，自然科学类课程应当加强在教学内容方面的质量建设工作，提升课程内容改进的效率。

通过图 5-14 发现：在课程质量迭代成效方面，T1 时期(申报前)，自然科学类课程在教学方法指标上的初始状态为弱可重复级(*L*2-)，而到了 T3 时期，达到了强定义级(*L*3+)的水平，这与自然科学类课程的综合质量水平相一致(图 5-10)。这表明：在课程质量迭代成效方面，经过国家一流课程的申报，自然科学类课程在教学方法方面的建设取得了较大的成效。通过图 5-14 还可发现：在课程迭代持续性方面，T2-T3 阶段自然科学类课程在教学方法方面的改进效率明显低于 T1-T2 阶段的效率，这反映出自然科学类课程在教学方法指标上的改进工作的持续性较差。同时，对比人文社科类课程在教学方法指标上的迭代效果(图 5-7)还可发现：在课程认定后(T3 时期)，自然科学类课程在教学方法指标上的质量水平低于人文社科类课程在该指标上的质量水平。因此，在后续的质量建设过程中，自然科学类课程应当加强在教学方法方面的质量建设工作，提升教学方法改进的效率。

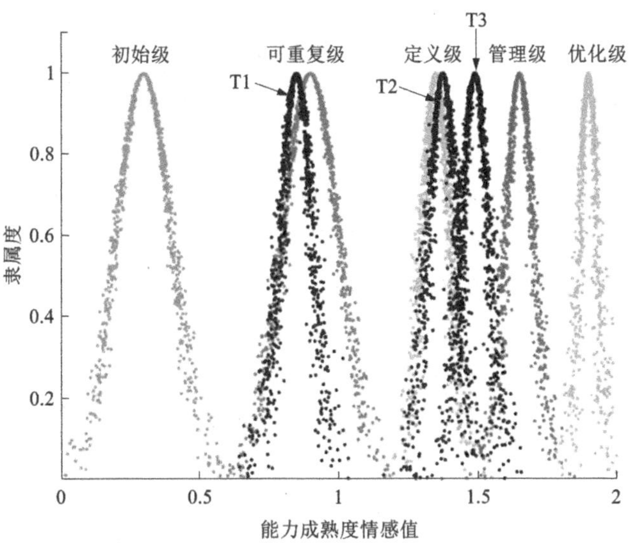


**图 5-14　教学方法评价云图**

通过图 5-15 发现：在课程质量迭代成效方面，T1 时期(申报前)，自然科学类课程在信息资源指标上的初始状态为弱可重复级(*L*2-)，而到了 T3 时期，达到了强管理级(*L*4+)的水平，超过了自然科学类课程的综合质量水平(图 5-10)。这表明：在课程质量迭代成效方面，经过国家一流课程的申报，自然科学类课程在信息资源方面的建设取得了突飞猛进的进步。通过图 5-15 还可发现：在课程迭代持续性方面，T2-T3 阶段自然科学类课程在信息资源方面的改进效率明显低于 T1-T2 阶段的效率，这反映出自然科学类课程在信息资源指标上的改进工作的持续性相对较差。

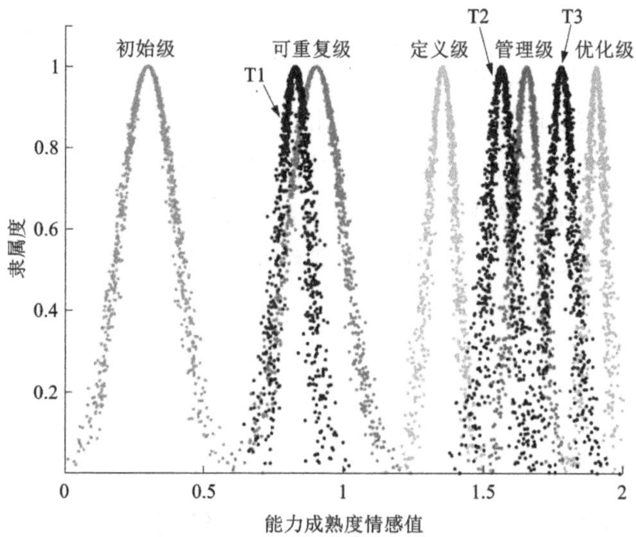


**图 5-15　信息资源评价云图**

同时，对比人文社科类课程在信息资源指标上的迭代效果(图 5-8)还可发现：在课程认定后(T3 时期)，自然科学类课程在信息资源指标上的质量水平只是略低于人文社科类课程在该指标上的质量水平，达到了较高的质量水平。因此，在后续的质量建设过程中，自然科学类课程应当保持在信息资源方面的质量水平。

通过图 5-16 发现：在课程迭代成效方面，T1 时期(申报前)，自然科学类课程在教学反馈指标上的初始状态为弱可重复级(*L*2-)，低于课程在 T1 时期的综合质量水平(图 5-10)，而到了 T3 时期，达到了强定义级(*L*3+)的水平，达到了自然科学类课程的综合质量水平(图 5-10)。这表明：在课程质量迭代成效方面，经过国家一流课程的申报，自然科学类课程在教学反馈方面取得了较大进步。通过图 5-16 还可发现：在课程迭代持续性方面，T2-T3 阶段自然科学类课程在教学反馈方面的改进效率明显低于 T1-T2 阶段的效率，这反映出自然科学类课程在教学反馈指标上的改进工作的持续性较差。

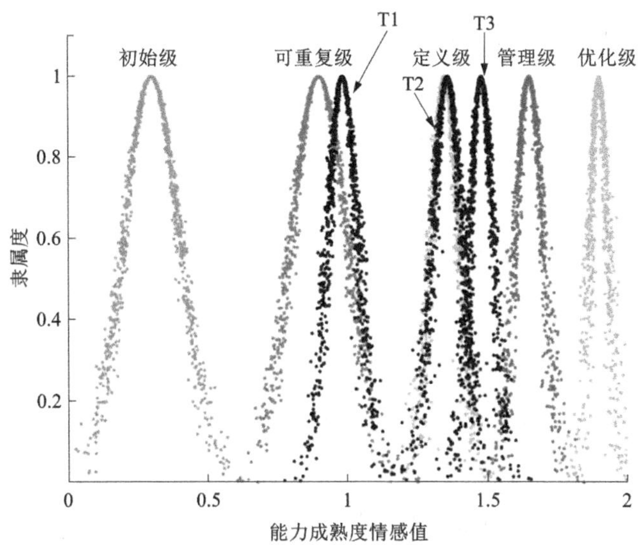


**图 5-16　教学反馈评价云图**

同时，对比人文社科类课程在教学反馈指标上的迭代效果(图 5-9)还可发现：在课程认定后(T3 时期)，自然科学类课程在教学反馈指标上的质量水平远低于人文社科类课程在该指标上的质量水平。因此，在后续的质量建设过程中，自然科学类课程应当加强教学反馈方面的质量建设工作。

综合上述自然科学类课程从 T1 阶段到 T3 阶段在课堂体验、教师资质、课程内容、教学方法、信息资源、教学反馈等指标上的质量水平变化数据，可得到自然科学类课程在各指标上的细粒度迭代结果，如表 5-11 所示。

**表 5-11　自然科学类课程在各指标上的细粒度迭代结果**

| 自然科学类课程 | 阶段 | | |
|---|---|---|---|
| | T1 | T2 | T3 |
| 课堂体验 | *L*2+ | *L*3− | *L*3+ |
| 教师资质 | *L*2− | *L*2+ | *L*3− |
| 课程内容 | *L*2+ | *L*3− | *L*3 |

续表 5-11

| 自然科学类课程 | 阶段 | | |
|---|---|---|---|
| | T1 | T2 | T3 |
| 教学方法 | *L*2− | *L*3 | *L*3+ |
| 信息资源 | *L*2− | *L*4− | *L*4+ |
| 教学反馈 | *L*2+ | *L*3 | *L*3+ |
| 综合评价 | *L*2 | *L*3 | *L*3+ |

综合图 5-10~图 5-16、表 5-11 的结果可发现：其一，从课程迭代的成效来看，在 T3 时期，自然科学类课程在教师资质和课程内容两个指标上的质量水平分别为弱定义级(*L*3−)和定义级(*L*3)，低于自然科学类课程的综合质量水平，为自然科学类课程的短板。因此，在后续的一流课程建设过程中，教师资质和课程内容是排在第一位的亟待提升的质量指标。其二，虽然自然科学类课程在课堂体验、教学方法、教学反馈 3 个指标上的质量水平达到了强定义级(*L*3+)，与课程的综合质量水平基本相一致，但由于自然科学类课程在这些指标上质量水平并不高，只是达到了学习者对课程的基本质量预期，再加上课程在这三个指标的迭代效果持续性较差。因此，在自然科学类课程后续的一流课程建设过程中，课堂体验、教学方法、教学反馈三个指标为排在第二位需要提升的指标。其三，对于信息资源而言，从其最终的迭代成效来看，其质量水平达到了强管理级(*L*4+)，明显超过了自然科学类课程的综合质量水平，仅比课程建设的最终目标优化级(*L*5)略低，属于较高的质量水平，因此，在后续的一流课程建设过程中，自然科学类课程只需维持在信息资源方面的质量水平即可。

## 5.7 本章小结

本章将能力成熟度模型与云模型相结合对自然科学类和人文社科类课程的迭代改进过程进行分析，发现：从课程的综合迭代成效看，经过国家一流课程的申报认定，人文社科类课程和自然科学类课程的综合质量水平均得到了显著的提升，人文社科类课程的综合质量水平较高，而自然科学类课程的综合质量水平相对较低，在后续的课程建设过程中还需进一步加强质量迭代。从课程在各个指标上的细粒度迭代成效来看，人文社科类课程在各个指标的迭代成效较好，而自然科学类的课程教师资质和教学内容方面存在较为明显的不足，需要在后续的课程质量建设过程中重点加强。

# 第 6 章

# 基于手段-目的链的在线课程学习者持续学习意愿分析

在前几章中，从课程建设者的视角出发对学习需求的提取、非一流课程的质量改进、一流课程质量迭代效果评估等在线课程建设中的关键问题进行了研究。然而，课程完成率低、辍学率高的问题也是在线课程质量建设过程中存在的一大挑战，因此，本章从学习者的视角出发，对在线课程学习者持续学习意愿的形成这一影响在线课程质量建设的关键问题展开研究。

## 6.1 在线课程学习者持续学习意愿的手段-目的链分析模型

持续学习意愿是指学习者克服学习过程中的各种不确定性因素，达成学习目标的心理倾向。学习者的持续学习意愿是课程质量、学习者情感等多个维度的因素共同作用的结果。手段-目的链理论(means-end chain，MEC)是由国外学者古特曼(Gutman)于 1982 年所提出的一种通过“产品属性-消费结果-价值”框架对消费行为与个人价值之间的联系进行分析的理论模型。该模型通过探寻产品属性、消费结果、价值之间的层次联结链可以明确消费者的价值倾向。由于在线课程属于在线服务的范畴，因此，本章采用手段-目的链理论对学习者持续学习意愿的形成机制进行分析。

根据 2.5 节中的手段-目的链理论，在线课程学习者持续学习意愿手段-目的链分析模型可被划分为属性、结果、价值三个层级。在本书中，属性(A)是指学习者认为在线课程应该具有的属性及特征，包括抽象层面与具体层面。结果(C)是指学习者在接受完课程学习后所希望获得的收获，主要包括功能性结果及心理性结果。价值(V)是指学习者希望实现这种结果的心理表现。在线课程学习者持续学习意愿手段–目的链分析模型的构建过程如图 6–1 所示。

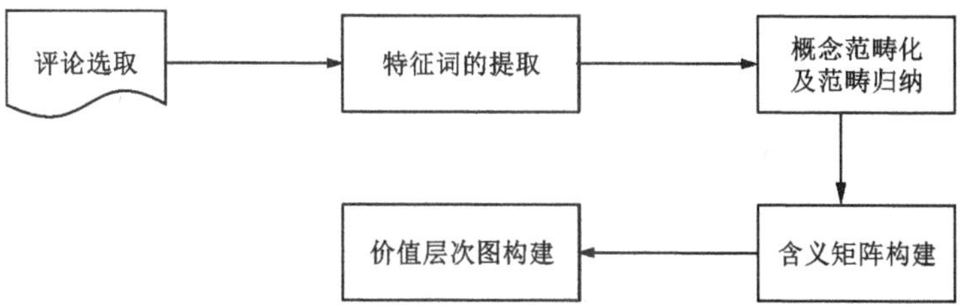


**图 6–1　手段–目的链分析模型的构建过程**

①评论选取：不同于传统教学模式，在线模式下，学习者在线学习后，往往会在学习平台上留下大量关于课程学习体验的评论文本，而这些学习评论文本中往往包含着学习者所关注的课程质量特性、学习者的情感以及学习者的价值取向等多个维度多个层次的信息。因此，本章从中国大学 MOOC 等在线平台上的学习评论数据中筛选出涉及的课程属性层面、结果以及价值等不同层级要素间关联关系的学习评论数据作为研究数据。

②特征词的提取：采用 TF–IDF 算法对选取的评论进行特征词提取。TF–IDF 算法(term frequency–inverse document frequency)是一种被广泛应用于信息检索与数据挖掘等领域的常用加权技术，用以评估某一字词在语料库中的重要程度。该算法主要由 TF(词频)和 IDF(逆词频)两部分构成，TF–IDF 的计算方法如公式(6–1)所示。

$$\mathrm{TF}-\mathrm{IDF}=\mathrm{TF}_{i,j}\times \mathrm{IDF}_{i,j}=\frac{n_{i,j}}{\sum_k n_{k,j}}\times \log\left(\frac{N}{R_i+1}\right) \tag{6-1}$$

式中：$n_{i,j}$ 为特征词 $i$ 在评论 $j$ 中出现的频数；$\sum_k n_{k,j}$ 为评论 $j$ 中所有特征词的频数之和；$N$ 为评论总数；$R_i$ 为包含特征词 $i$ 的评论数。

③概念范畴化及范畴归纳：将所提取的特征词进行概念提取，由此产生对应的概念范畴。随后，将产生的概念范畴归纳至属性层级、结果层级和价值层级。

④含义矩阵构建：对涉及属性、结果和价值层级的评论文本进行编码分

析，构建属性-结果、结果-价值的关联关系，根据不同层级间概念范畴的关联频数可构建总体含义矩阵。其中，矩阵中的数字表示两范畴间的关联频数，频数越大则表示两范畴间的关联关系越密切。

⑤价值层次图构建：根据含义矩阵可得到属性-结果、结果-价值层级中范畴间的关联关系。随后，为了更为清晰地反映不同层级间要素的主要关联关系，需设定合适的阈值。关联频数低于阈值的范畴关系将不在图中呈现，进而绘制价值层次图，学习者持续学习意愿的手段-目的链分析模型得以建立。通过手段-目的链模型可以以可视化的方式将在线课程的质量属性为学习者带来的价值清晰呈现出来。

## 6.2 手段-目的链路径系数计算方法

### 6.2.1 学习者情感指数构造方法

学习者情感指数可以有效测定学习者对于在线学习服务的整体情感状况，直观反映了学习者的学习体验。不同层级要素间关联关系的情感指数大小与价值实现程度高低成正比，即情感指数越大，意味着其价值实现程度越高。情感指数构造模型以 *SRC* 指数编制法和消费情感指数编制法为基础，进而构造在线课程学习评论的情感指数计算模型，如公式(6-2)所示。

$$S_i=\frac{S_i^{\text{pos}}-S_i^{\text{neg}}}{S_i^{\text{pos}}+S_i^{\text{neg}}} \tag{6-2}$$

式中：$S_i^{\text{pos}}$ 为评论中涉及不同层级要素间关联关系 $i$ 的积极情感态度的评论数量；$S_i^{\text{neg}}$ 为评论中涉及不同层级要素间关联关系 $i$ 的消极情感态度的评论。

### 6.2.2 链路径重要度的计算方法

不同的链路径(即不同层级要素间关联关系)的评论数量反映了学习者对链路径的关注程度，也在一定程度上反映了链路径的重要程度。然而，不同链路径上的学习评论在情感上存在着一定的差异，而这种情感差异对学习者持续学习意愿的形成有着重要影响。基于此，本书在对手段-目的链的重要性进行度量的过程中，将链路径的情感指数与涉及该链路径的评论数的权重值的乘积作为手段-目的链的初始重要度，在此基础之上确定学习者持续学习意愿形成的关键路径。手段-目的链的初始重要性度量如公式(6-3)所示。

$$I(c)=\frac{N_c}{\sum_{i=1}^{n}N_i}\times S_c \tag{6-3}$$

式中：$I(c)$为链路径 $c$ 的初始重要度；$N_c$ 为链路径 $c$ 中属性要素与结果要素之间的关联频数；$N_i$ 为第 $i$ 条链路径中属性要素与结果要素之间的关联频数；$n$ 为链路径的总数量；$S_c$ 为链路径 $c$ 的情感指数。

运用上述方法计算出所有的链路径的初始重要度之后，通过对链路径的初始重要度进行标准化，可得到链路径 $c$ 标准化后的重要度 $S(c)$，标准化过程如公式(6-4)所示。

$$S(c)=\frac{I(c)}{\max_{c\in n}\{I(c)\}} \tag{6-4}$$

式中：$S(c)$为链路径 $c$ 标准化后的重要度；$n$ 为链路径的总数量。

## 6.3 基于“手段-目的链”的在线课程学习者持续学习意愿的形成路径分析

### 6.3.1 特征词提取

本书以 2020 年 9 月至 2022 年 6 月为时间窗口，利用网络爬虫技术从中国大学 MOOC 平台上爬取 C 语言程序设计、Python 语言程序设计和 Java 语言程序设计等选课人数排名靠前的在线课程的学习评论。同时，考虑到在一门课程的学习过程中只发表过一次评论的学习者较难判断其持续学习意愿，因此，本书以学习者在同一门课程的学习过程中发表过两次及以上的评论数据为基础研究数据，并对字数过少的评论等信息缺失评论及无效评论进行数据清洗，共获取 1084 条有效评论数据。随后采用内容分析法对学习评论逐字阅读，将涉及手段-目的链模型不同层级间要素关联关系的学习评论进行筛选。

词云图是常用的文本分析可视化工具之一，是一种基于词频统计与自然语言处理相结合的可视化分析方法。在词云图中，不同频率及重要性的词会以不同的颜色与大小呈现，通过图像的方式直观展现重要词语的分布现象。因此，首先通过词云图的方式筛选出上述学习评论中的高频词，结果如图 6-2 所示。

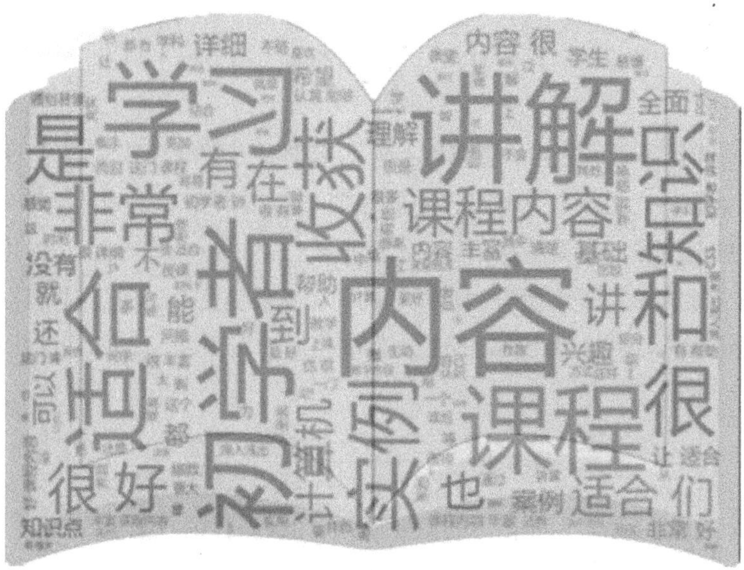


**图 6-2　学习者评论词云图**

在词云图中一般越高频的词出现得越显目，从图中我们可以直观地发现“学习”“初学者”“适合”“收获”等与学习者息息相关的词语十分显眼，而“非常”“好”“很好”等表达学习者自身情感的词以及“课程”“内容”“讲解”“知识”等与在线课程挂钩的词也是学习者们关注的对象。

在词云图中，学习评论中的出现频率越高的词在图中越醒目。从图 6-2 可以发现：“学习”“初学者”“适合”“收获”等与学习者息息相关的词语十分显眼，而“非常”“好”“很好”等表达学习者自身情感的词以及“课程”“内容”“讲解”“知识”等反映在线课程质量属性的词也是学习者们关注的对象。

接着，采用 6. 1 节中的 TF-IDF 算法对筛选出的有效评论数据进行特征词提取，提取前 100 个特征词，结果如表 6-1 所示(限于篇幅，仅展现前 50 个特征词)。

表 6-1 特征词提取结果

| 序号 | 特征词 | TF-IDF 值 | 序号 | 特征词 | TF-IDF 值 | 序号 | 特征词 | TF-IDF 值 |
|---|---|---|---|---|---|---|---|---|
| 1 | 初学者 | 0.305 | 18 | 详细 | 0.080 | 35 | 理解 | 0.042 |
| 2 | 学习 | 0.279 | 19 | 细致 | 0.079 | 36 | 课程设计 | 0.041 |
| 3 | 讲解 | 0.259 | 20 | 知识 | 0.079 | 37 | 新手 | 0.041 |
| 4 | 适合 | 0.198 | 21 | 循序渐进 | 0.077 | 38 | 激发 | 0.039 |
| 5 | 收获 | 0.139 | 22 | 知识点 | 0.077 | 39 | 有用 | 0.037 |
| 6 | 实例 | 0.134 | 23 | 适合 | 0.074 | 40 | 生动 | 0.036 |
| 7 | 兴趣 | 0.118 | 24 | 易懂 | 0.073 | 41 | 浅显易懂 | 0.036 |
| 8 | 深入浅出 | 0.111 | 25 | 授课 | 0.068 | 42 | 乐趣 | 0.035 |
| 9 | 丰富 | 0.109 | 26 | 小白 | 0.068 | 43 | 效果 | 0.034 |
| 10 | 内容 | 0.107 | 27 | 由浅入深 | 0.067 | 44 | 课件 | 0.033 |
| 11 | 入门 | 0.098 | 28 | 很棒 | 0.064 | 45 | 生动有趣 | 0.032 |
| 12 | 讲得 | 0.097 | 29 | 成就感 | 0.063 | 46 | 案例 | 0.030 |
| 13 | 课程内容 | 0.097 | 30 | 启发 | 0.059 | 47 | 提升 | 0.029 |
| 14 | 清晰 | 0.093 | 31 | 视频 | 0.055 | 48 | 枯燥 | 0.029 |
| 15 | 有趣 | 0.081 | 32 | 友好 | 0.049 | 49 | 逻辑 | 0.028 |
| 16 | 基础 | 0.081 | 33 | 启发性 | 0.049 | 50 | 全面 | 0.027 |
| 17 | 通俗易懂 | 0.080 | 34 | 学习效果 | 0.046 | | | |

## 6.3.2 手段-目的链范畴归纳

参考手段-目的链模型的研究变量分类标准及在线课程质量因素、持续学习行为、学习动机等相关研究，将提取的特征词归纳至手段-目的链模型所对应的属性、结果和价值三个层级。最后，根据范畴归纳结果，“内容资源”“课程讲解”“教学方式”“视频质量”“答疑服务”“课后习题”“教学设计”“知识难度”等八个范畴隶属于属性层级(表 6-2)。“学习体验”“启发思考”“求知兴趣”“学习效果”“知识获取”“内容有效性”“知识巩固”等七个范畴隶属于结果层级(表 6-3)。“期望满足”“价值感知”“自我提升”“内在激励”等四个范畴隶属于价值层级(表 6-4)。

表 6-2　属性层范畴

| 编码 | 层级 | 范畴 | 对应特征词 |
| --- | --- | --- | --- |
| A1 | 属性 | 内容资源 | 内容、课程内容、知识、知识点、课件、基础知识、充实、理论、翔实、丰富、全面 |
| A2 | | 课程讲解 | 讲解、深入浅出、讲得通俗易懂、详细、细致、循序渐进、易懂、授课、由浅入深、生动、浅显易懂、生动有趣、逻辑、思路清晰、透彻、仔细、条理、条理清晰、节奏、思路、讲授 |
| A3 | | 教学方式 | 实例、案例、例子、方式、实践、教学方式、新颖 |
| A4 | | 视频质量 | 清晰、视频、制作、流畅 |
| A5 | | 答疑服务 | 答疑、解答 |
| A6 | | 课后习题 | 作业、习题、课后 |
| A7 | | 教学设计 | 课程设计、安排、组织、设置、设计 |
| A8 | | 知识难度 | 基础、适合、小白、简单、理解、新手、入门者、难度、初学、初学者、适合、入门 |

在线课程的属性反映出学习者对于在线课程的质量感知，是学习者持续学习意愿形成的基础，通过表 6-3 可发现：在属性层级中，评论文本中既涉及“课程讲解”（A2）、“教学方式”（A3）、“教学设计”（A7）、“知识难度”（A8）等抽象型属性，也涉及“内容资源”（A1）、“视频质量”（A4）、“答疑服务”（A5）、“课后习题”（A6）等具体型属性。其中，学习者所注重的属性层因素有三个，分别是“内容资源”“课程讲解”“教学方式”。这三个要素是学习者在线学习过程中的需求关注点，也是在线课程质量提升的重要方面。

表 6-3　结果层范畴

| 编码 | 层级 | 范畴 | 对应特征词 |
| --- | --- | --- | --- |
| C1 | 结果 | 学习体验 | 友好、枯燥、趣味性、体验、轻松、快乐、感受 |
| C2 | | 启发思考 | 启发、启发性 |
| C3 | | 求知兴趣 | 兴趣、有趣、激发、乐趣 |

续表 6-3

| 编码 | 层级 | 范畴 | 对应特征词 |
|---|---|---|---|
| C4 | 结果 | 学习效果 | 学习效果、效果 |
| C5 | | 知识获取 | 收获颇丰、学习 |
| C6 | | 内容有用性 | 实用、有用 |
| C7 | | 知识巩固 | 巩固、知识巩固 |

在结果层级中，结果层要素主要分为功能性结果和心理性结果两类。其中，功能性结果指的是通过课程学习给学习者所带来的实际效用，包括“学习效果”（C4）、“知识获取”（C5）、“知识有用性”（C6）和“知识巩固”（C7）。心理性结果指的是学习者在心理上对课程的情感认知，包括“学习体验”（C1）、“启发思考”（C2）和“求知兴趣”（C3）。反映在线课程为学习者带来收获的结果层因素主要为“求知兴趣”“知识获取”“内容有用性”。

表 6-4　价值层范畴

| 编码 | 层级 | 范畴 | 对应特征词 |
|---|---|---|---|
| V1 | 价值 | 期望满足 | 满足、喜欢、点赞、推荐、值得、很棒 |
| V2 | | 价值感知 | 成就感、价值 |
| V3 | | 自我提升 | 提升、能力 |
| V4 | | 内在激励 | 激励、信心 |

在价值层级中，学习者的价值诉求既包括期望满足、价值感知和内在激励等情感性价值，也包括自我提升等功能性价值。具体而言，对于“期望满足”要素而言，当学习者对课程的实际质量感知大于学习者预期时，学习者将收获意外的惊喜。对于“价值感知”而言，其是学习者在线学习过程中衡量自身投入与产出收益的主观认知，进而对学习结果做出价值判断。当产出收益大于自身投入时，将收获较大的自我效能感和成就感。对于“内在激励”而言，是持续学习意愿形成的内在驱动力，这种积极情绪的产生能够激发学习者的学习兴趣和对知识探索的热情，在学习认知和情感上对学习行为产生正向的影响。功能性价值主要体现在增长知识、提升专业技能等方面的自我提升感。

### 6.3.3 属性-结果-价值关联关系矩阵的构建

将表 6-2~表 6-4 中的概念范畴按属性-结果、结果-价值关联关系进行编码汇总，得到了各层级要素间的关联频数，进而构建属性-结果-价值关联关系矩阵，如表 6-5 所示。其中，矩阵中的关联频数越大代表着不同层级要素间的关联关系越紧密，如：通过表 6-5 中的结果发现，“A2-C5”的值为 217，表示属性层因素“课程讲解”(A2)与结果层因素“知识获取”(C5)同时出现在学习评论中的频次为 217，这反映出属性层因素“课程讲解”与结果层因素“知识获取”之间存在紧密的逻辑关联性，即在线课程通过高质量的课程讲解能够达到学生的知识获取这一结果。同样，“C5-V2”反映的是结果层因素“知识获取”(C5)与价值层因素“价值感知”(V2)之间的关联关系，从表 6-5 可发现：“C5-V2”的值为 197，这表明结果层因素“知识获取”与价值层因素“价值感知”之间存在紧密的逻辑关联性，即知识获取这一课程学习结果能够促使学生对课程产生价值认知。

**表 6-5 属性-结果-价值关联关系矩阵**

| | | 结果(consequence) | | | | | | |
|---|---|---|---|---|---|---|---|---|
| | | C1 | C2 | C3 | C4 | C5 | C6 | C7 |
| 属性(attributes) | A1 | 12 | 22 | 20 | 28 | 21 | 74 | 0 |
| | A2 | 13 | 82 | 23 | 24 | 217 | 0 | 19 |
| | A3 | 15 | 23 | 199 | 19 | 20 | 0 | 3 |
| | A4 | 68 | 0 | 5 | 14 | 0 | 0 | 0 |
| | A5 | 8 | 16 | 7 | 0 | 0 | 0 | 0 |
| | A6 | 8 | 19 | 6 | 10 | 20 | 0 | 36 |
| | A7 | 14 | 0 | 21 | 78 | 18 | 24 | 0 |
| | A8 | 18 | 0 | 20 | 15 | 24 | 0 | 0 |

**续表 6-5**

| | | 结果(consequence) | | | | | | |
|---|---|---|---|---|---|---|---|---|
| 价值(values) | V1 | 59 | 16 | 18 | 23 | 21 | 62 | 10 |
| | V2 | 5 | 12 | 6 | 8 | 197 | 5 | 1 |
| | V3 | 11 | 21 | 23 | 64 | 15 | 14 | 28 |
| | V4 | 3 | 69 | 185 | 6 | 11 | 5 | 4 |

### 6.3.4　手段-目的链链路径系数的计算

价值层次图可形象直观地反映不同层级间要素的关联关系。通过价值层次图可确定学习者持续学习意愿的形成路径。为清晰地反映不同层级间要素的主要关联关系，在绘制价值层次图前需设定合适的阈值。参考 Gengler 等的相关研究，将阈值选取为样本数的 5%。因此，将阈值设定为 54，关联频数低于阈值的范畴关系将不被展现在价值层次图中。最后，价值层次图得以建立，如图 6-3 所示。

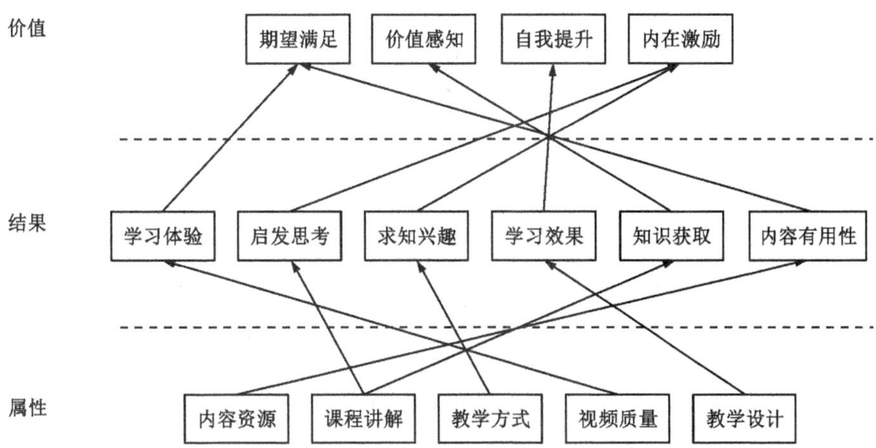


**图 6-3　价值层次图(HVM)**

通过图 6-3 可发现：学习者持续学习的形成路径主要有六条，分别为“课程讲解(A2)-知识获取(C5)-价值感知(V2)”“教学方式(A3)-求知兴趣

(C3)-内在激励(V4)”“教学设计(A7)-学习效果(C4)-自我提升(V3)”“课程讲解(A2)-启发思考(C2)-内在激励(V4)”“内容资源(A1)-内容有用性(C6)-期望满足(V1)”“视频质量(A4)-学习体验(C1)-期望满足(V1)”。同时,通过图6-3可发现:学习者持续学习意愿形成的路径关系较为复杂。同一属性可能产生多个结果,如“课程讲解”可能产生“启发思考”和“知识获取”两种结果。同时,学习者目标价值的实现方式也并不唯一,即:不同的结果层要素有可能促使同一目标价值的实现,如:结果层级中的“启发思考”和“求知兴趣”两个要素都能够对学习者产生内在激励。而这些复杂的路径关系反映出了学习者在学习过程中目标价值的实现过程。然而,不同的链路径对学习者持续学习意愿形成的驱动作用存在差异。因此,本章根据6.2节中的链路径系数的计算方法,将各手段-目的链的关联频数与情感指数的乘积进行标准化后的数值作为链的重要度,以进一步厘清学习者持续学习意愿形成路径的重要度优先级。

根据6.2节中的手段-目的链的路径系数计算方法,首先,依据公式(6-2)可计算得到各条链路径的情感指数;接着,依据公式(6-3)可得到各条链路径的初始重要度;最后,依据公式(6-4)可得到各条链路径标准化后的链重要度。各手段-目的链的链结构及链重要度如表6-6所示。

**表6-6　手段-目的链的链结构及链重要度**

| 序号 | 链结构 | 频数权重值 | 情感指数 | 链重要度 |
|---|---|---|---|---|
| MEC1 | 课程讲解-知识获取-价值感知(A2-C5-V2) | 0.302 | 0.945 | 1.000 |
| MEC2 | 教学方式-求知兴趣-内在激励(A3-C3-V4) | 0.277 | 0.970 | 0.941 |
| MEC3 | 教学设计-学习效果-自我提升(A7-C4-V3) | 0.109 | 0.974 | 0.372 |
| MEC4 | 课程讲解-启发思考-内在激励(A2-C2-V4) | 0.114 | 0.927 | 0.370 |
| MEC5 | 内容资源-内容有用性-期望满足(A1-C6-V1) | 0.103 | 0.892 | 0.322 |
| MEC6 | 视频质量-学习体验-期望满足(A4-C1-V1) | 0.095 | 0.882 | 0.294 |

### 6.3.5　学习者持续学习意愿的形成路径分析

通过表6-6中的结果可发现:MEC1(课程讲解-知识获取-价值感知)的链

重要度(1.000)为图 6-3 中六条链路径中的最大值，是促进学习者持续学习意愿形成最为关键的一条路径。MEC1 说明授课教师通过通俗易懂、生动形象的语言表达系统全面地讲述和解析课堂知识，有助于学习者更好地获取所学知识。在这一过程中，伴随着学习者的知识获取及对课程知识的理解，能够提升学习者的获得感和自我效能感，从而使学习者对其所接受的教学服务予以充分的认同和肯定，进而驱动学习者持续学习意愿的产生。在学习评论中具体表现为“老师讲解由浅到深、循序渐进，且附有大量实用有趣的案例，让理论的知识能够迅速转化为实践的成果，让人成就感满满”等。在该路径中，“课程讲解”为属性层因素，反映出“课程讲解”在学习者有效获取知识的过程中扮演着重要角色，是学习者持续学习意愿路径形成的“起点”。在线课程建设者在课程建设过程中需重点关注和提升授课教师的知识素养和讲授水平。

MEC2(教学方式–求知兴趣–内在激励)的链路径重要度为 0.941，其重要度在六条链路径中排序第二，且接近于最大值(1.000)。因此，MEC2 是持续学习意愿形成的第二条重要路径。自我决定理论(self–determination theory，SDT)是由美国心理学家 ryan 和 deci(2000)提出的一个关于个体自我决定行为的动机过程理论，并将动机划分为无动机、内部动机和外部动机三种类型，其中，内部动机是指个体的学习参与是基于学习乐趣进行的。MEC2 说明了通过案例化、项目式、情境化等教学方式，能够充分调动学习者的学习兴趣和参与度。根据自我决定理论，这种由求知兴趣所带来的兴奋感能够激发学习者在线学习的内在动机，由此产生激励效应，进而提升学习者的课堂参与度，最终促使学习者持续学习意愿的产生。在学习评论中具体表现为“老师的授课方式很好地激发了我对于 python 学习的乐趣，增强了学习的趣味性，能够激发我的学习热情”等。其中，在该路径中属性来源为“教学方式”，这反映出案例式、情境化教学是学习者兴趣激发的驱动力量，进而对学习者持续学习意愿的形成产生重要影响。

MEC3(教学设计–学习效果–自我提升)的链重要度为 0.372，在六条链路径中排于第三位，然而该路径的重要度值明显低于 MEC1 及 MEC2 的重要度值，为持续学习意愿形成的次要路径。MEC3 表明：对于程序类课程，根据课程的教学目标及适用学习群体的特点，对课程内容的模块结构进行优化设计，有助于学习者对知识进行有效掌握及灵活运用，进而实现其在知识素养、专业技能等方面的自我提升。在学习评论中具体表现为“教学设计很合理，让同学们饶有兴趣地参与学习，有很好的效果，收获了很多知识"等。也正是学习者自我提升的价值追求主导了学习者的持续学习行为。

MEC4(课程讲解-启发思考-内在激励)的链重要度为0.370，与MEC3的链重要度较为接近，是学习者持续学习意愿形成的次要路径之一。MEC4说明授课教师循循善诱地对知识点进行讲授和解析，能够积极有效地引导学习者对课程内容展开进一步思考，通过这种启发式教学能够拓展学习者的思维和激发学习者的学习热情，使学习者在学习过程中获得充实的收获感与自我效能感，从而实现自我的内在激励，继而驱动学习者持续学习意愿的产生。该路径下的典型评语如"老师讲解透彻，详略得当，有很强的启发性和引导性，容易激发我学习的动力"等。

MEC5(内容资源-内容有用性-期望满足)的链重要度为0.322，从链重要度值看，该链路径同样为一条次要路径。期望确认理论(expectation confirmation theory，ECT)由Oliver于1980年提出，指出客户的满意度是通过客户对产品或服务的实际质量感知与购前期望间的比较所决定的，当客户的实际质量感知大于购前预期时，将给客户带来欣喜与满足。依据期望确认理论的思想，MEC5表明：当课程在内容资源上做到与学习者现阶段的认知能力、接受水平以及需求相匹配时，使学习者对内容资源形成有用性感知，从而进一步促进学习者期望目标的实现，继而驱动持续学习意愿的产生。在学习评论中具体表现为"课程内容组织得很好，每个章节的案例融合得很好，适合新手学习"等。

MEC6(视频质量-学习体验-期望满足)的链重要度为0.294，为6条链路径中的最小值。尽管该路径的链重要度较低，但仍然是一条不可忽略的学习者持续学习意愿的形成路径。MEC6说明：清晰流畅的视频画质和声音，匹配的课程字幕，稳定的平台访问环境等高质量的视频环境在辅助学习者在线学习上发挥着尤为重要的作用，能够极大地提升学习者的学习体验，为学习者带来视频层面的超预期感受，从而驱动学习者持续学习意愿的产生。在学习评论中具体表现为"视频制作精美、播放不卡顿，且配备了字幕，给我们在线学习提供了很好的支持，学习体验感真好"等。

从链路径的重要度来看，"课程讲解-知识获取-价值感知"(MEC1)和"教学方式-求知兴趣-内在激励"(MEC2)两条链路径为主要路径；"教学设计-学习效果-自我提升"(MEC3)、"课程讲解-启发思考-内在激励"(MEC4)、"内容资源-内容有用性-期望满足"(MEC5)和"视频质量-学习体验-期望满足"

（MEC6）4 条路径为次要路径。

“课程讲解–知识获取–价值感知”（MEC1）和“教学方式–求知兴趣–内在激励”（MEC2）是学习者持续学习意愿形成的两条主要路径。在这两条主要路径中，“课程讲解”和“教学方式”两个课程属性充当了路径的“起点”。因此，“课程讲解”与“教学方式”为学习者所重点关注的核心质量属性。对于“课程讲解”而言，通过关键路径 MEC1 的链结构可以发现：“课程讲解”能够使学习者获得功能性结果“知识获取”，进而使学习者对课程产生价值感知。此外，“课程讲解”还是次要路径 MEC4 的“起点”。因此，在课程的建设过程中，课程建设者需要把“课程讲解”放在首要位置。具体而言，任课教师在授课过程中语言表达应通俗易懂、生动形象，杜绝照本宣科；同时，教师可采用启发式教学，有步骤、有次序地对学习者进行有效引导，调动学习者的求知欲，继而引发学习者积极探索和思考；此外，教师还需注重自身教学素质的培养和教学能力的不断提升。对于核心质量属性“教学方式”而言，通过其所在的链路径 MEC2 的结构可发现：其主要是引导学习者通过课程学习产生心理性结果“求知兴趣”，进而对学习者形成内在激励。在线环境下，课程学习以教学视频的观看为主要教学手段，长时间的视频观看很容易引起学习者的疲劳。同时，线上环境相比线下课堂而言，学习环境更为复杂，可能存在更多的干扰因素。因此，需要通过问题引导式、项目驱动式、案例驱动式等教学方式配合“课程讲解”吸引学习者的关注，进而调动学习者在线学习的求知兴趣和学习热情，产生激励效应以促进学习者持续学习意愿的形成。

相较于前两条主要路径，MEC3、MEC4、MEC5 和 MEC6 为学习者持续学习意愿形成的次要路径。通过加强课程在“教学设计”“课程讲解”“内容资源”“视频质量”四个质量属性上的建设，以促进功能性结果“学习效果”“内容有用性”及心理性结果“启发思考”“学习体验”的产生，进而实现学习者的价值追求。根据 MEC3、MEC5 的链结构可发现：“教学设计”和“内容资源”两个质量属性是促进学习者通过课程学习产生功能性结果“学习效果”和“内容有用性”的基础。因此，在课程的建设过程中，课程建设者需要做好内容上的精挑细选和教学上的精心设计。具体而言，在“教学设计”方面，课程建设者应明确教学目标和学习者的学习需求，根据选课群体的特点选取适用的教学方法和教学策略。同时，依托学习平台中的学习行为数据对学习者的在线学习绩效进行分析评价，适时地对教学活动中的诸要素进行有效调整。在“内容资源”上，课程建设者除了将教学内容上线外，还需要对内容资源进行有效整合，将教学内容有机融入教学案例、教学项目之中。此外，课程建设者还应加强延伸性学习资源的建设，并且注重课程内容的新颖性、实用性和友好性，进而激发学习者的学习兴趣和热情。根据 MEC4、MEC6 的链结构可发现，“课程讲解”“视频质量”充当了学习者心理性结果“启发思考”和“学习体验”形成的基础。因此，在课程建设过程中，除了需提升任课教师的讲解能力及水平外，课程建设者还应当注重教学视频的录制，保证教学视频画质及声音的清晰流畅，并为教学视频配备相应的字幕以辅助学习者在线学习，进而使学习者获得更佳的学习体验。同时，课程建设者在进行课程上线时，应考虑平台的用户访问能力，选择用户访问能力较强的学习平台上线课程，以确保即使在大量用户同时访问的情况下，平台仍能为学习者提供可靠稳定的学习环境。

## 6.4 本章小结

本章基于中国大学 MOOC 平台上的学习评论数据，以手段-目的链模型为分析框架，构建了学习者在线学习的价值层次图，确定了学习者持续学习意愿的形成路径，并提出了手段-目的链的重要性度量方法，对学习者持续学习意愿形成的关键路径进行了识别，得到了“课程讲解-知识获取-价值感知”“教学方式-求知兴趣-内在激励”“教学设计-学习效果-自我提升”“课程讲解-启发思考-内在激励”“内容资源-内容有用性-期望满足”“视频质量-学习体验-期望满足”6 条在线课程学习者持续学习意愿的形成路径。其中，“课程讲解-知识获取-价值感知”“教学方式-求知兴趣-内在激励”为学习者持续学习意愿形成的主要路径。

# 第 7 章

# 基于认知-情感-整体的在线课程感知形象分析

在上一章中，对在线课程学习者持续学习意愿的形成路径进行了探讨。在线环境下，学习者对课程学习具有较大的选择权，课程在学习者心目中的形象会对学习者的课程学习选择产生重要的影响。在课程建设过程中，课程建设者们除了关注课程质量外，还应关注课程在学习者心目中的形象感知情况。因此，本章围绕如何从学习评论数据中发掘出学习者对课程的感知形象这一课程建设过程中的关键问题展开研究。

## 7.1 在线课程认知形象分析方法

### 7.1.1 学习者课程认知主题的提取方法

学习者对课程的认知主题反映了学习者对在线课程教学资源、教学能力、平台特性等方面的关注，体现了学习者对在线课程的质量感知，通过对认知主题的挖掘和提取，课程建设者能够更加清晰地了解到课程在学习者心目中的质量形象，从而有针对性地优化和调整课程内容，提升在线教育的质量和影响力。在此，本书采用 LDA 方法提取学习者对在线课程的认知主题，具体步骤参见第 3 章中的 3.1 节。

### 7.1.2 基于语义网络的课程认知主题演化分析方法

课程形象的形成是一个认知主题动态演化过程。在不同的时期，学习者对课程的认知主题存在一定的差异，但这些认知主题之间存在着相互关联关系，因此，可以通过课程认知主题的演化对课程形象的形成过程进行分析。

语义网络分析法是以文本特征词及其共现关系形成的关系网络，分别从个体、区块、整体三个层面的网络评价指标揭示语义网络的结构特征，并以图示的方式进行可视化呈现。在语义网络中，节点为高频词语，并代表词语之间的共现关系。其中，节点的大小通常与其在网络中的影响力或重要性大小成正比，节点越大，表示其在网络中的影响力越大；节点之间的边粗细代表了词语之间共现关系的紧密程度密疏，节点之间的边越粗，表示其节点之间的关系越紧密。因此，以一流课程建设时间为界，运用语义网络分析法构建不同阶段学习者对在线课程的语义网络对学习者对课程的认知主题的演化过程进行分析，具体的步骤如下：

步骤 1：借助 ROST CM6 软件分别构建课程建设前和建设后学习者评论的特征词共现矩阵。

步骤 2：在步骤 1 中确定的特征词共现矩阵的基础之上，运用 Gephi 构建出学习者评论的语义网络，以探究一流课程建设前后认知主题的演化情况。

## 7.2 在线课程情感形象分析方法

在课程形象的形成过程中，不同的认知主题，学习者的情感往往是不同的，因此，在对课程形象分析的过程中，除了对学习者对课程的认知形象的形成过程进行分析外，还应对课程的情感形象进行分析。学习者对在线课程的情感形象是指学习者在参与在线学习过程中，根据自身的学习经历和感受所形成的关于课程的情感态度、感受和印象。这种情感形象不仅是学习者对在线课程的主观评价，更是一种心理层面的构建，它在很大程度上决定了学习者在整个学习过程中的心理状态和行为反应，并且能够直接影响学习者的学习体验、学习动机、课程满意度以及推荐意愿等。当学习者形成积极的情感形象时，他们往往会更乐于投入学习活动，并且更倾向于持续参与课程。相反，消极的情感形象可能会减弱学习者的学习意愿和动力。因此，理解和分析学习者对在线课程的情感形象，对课程形象形成过程的分析有重要意义。情感形象分析的具体步骤：第一，使用 Python 的第三方库 SnowNLP 载入 BosonNLP 情感词典对课程的评论文本进行情感极性分类，构建积极和消极评论语料库。第二，对整体评论的情感及评论涉及某个具体的认知主题时的细粒度情感进行分类汇总，并进一步计算各个主题的情感权重，以明确各认知主题对学习者情感体验的影响程度。其中主题 $a_j$ 的情感权重大小与两方面因素有关：其一是主题 $a_j$ 在学习者评论中被提及的频率，频率越高说明学习者对该主题的关注度就越大；其二是涉及 $a_j$ 的评论情感与整条评论情感的一致性，$a_j$ 的情感一致性越高说明 $a_j$ 对学习者整体情感的决定性就越强。具体计算过程如下：

设 $C=\{C_1, C_2, \cdots, C_C\}$ 为学习者关于课程的评论集合，$S=\{S_1, S_2, \cdots S_C\}$ 为学习者评论的整体情感集合，其中 $S_i$ 是评论 $C_i$ 的整体情感极性，评论 $C_i$ 中针对认知主题 $a_j(a_j \in A)$ 的细粒度情感极性记作 $S_i^{a_j}$，认知主题 $a_j$ 的情感权重记作 $w_j$。$w_j$ 可由公式(7–1)进行计算。

$$w_j=\mathrm{fre}(a_j)\times \mathrm{con}(a_j) \tag{7-1}$$

式(7–1)中：$\mathrm{fre}(a_j)$ 为主题 $a_j$ 在学习者评论中被提及的频率；$\mathrm{con}(a_j)$ 为主题 $a_j$ 的情感一致性，反映某条评论涉及主题 $a_j$ 时的细粒度情感与评论整体情感的一致性。$\mathrm{fre}(a_j)$ 和 $\mathrm{con}(a_j)$ 分别由公式(7–2)与公式(7–3)进行计算。

$$\mathrm{fre}(a_j)=\frac{|C_{a_j}|}{|C|} \tag{7-2}$$

式中：$|C_{a_j}|$ 为涉及认知主题 $a_j$ 的评论数；$|C|$ 为评论总数。

$$\mathrm{con}(a_j)=\frac{\sum eq(S_i^{a_j}, S_i)}{|C_{a_j}|} \tag{7-3}$$

式中：$eq(S_i^{a_j}, S_i)$ 为评论 $c_i$ 涉及主题 $a_j$ 时的细粒度情感与 $c_i$ 的总体情感的一致性。$eq(S_i^{a_j}, S_i)$ 可由公式(7–4)进行计算。

$$eq(S_i^{a_j}, S_i)=\begin{cases}1, & if S_i^{a_j}, S_i=S_i \\ 0, & if S_i^{a_j}, S_i\neq S_i\end{cases} \tag{7-4}$$

## 7.3　学习者对在线课程的认知形象分析

为探究学习者对在线课程的形象感知情况，本书选取了中国大学 MOOC 平台上各类课程热度较高(即选课人数排名较靠前)的 10 门国家级一流课程为研究对象，并将这些课程分为人文社科和自然科学两类。这些课程在 MOOC 平台上具有较高的热度和影响力，不仅吸引了众多学习者的关注和参与，而且课程质量得到了国家的认可和肯定。同时，其课程评论涵盖了学习者对在线课程的学习体验、课程内容、教学方式等方面的感知信息，通过对这些评论进行分析，能够较为全面地了解学习者对在线课程的整体评价，揭示学习者对在线课程的形象感知，为今后在线课程形象感知的提升提供有益的参考和指导。

在数据收集方面，研究采用 Python 网络爬虫技术对这 10 门国家级一流课程的学习者评论数据进行爬取。为保证数据质量，对数据进行清洗，即剔除重复、无实质内容(如“很好”“哈哈哈”)的评论，最终得到 16668 条用户评论。各门课程的有效评论信息如表 7-1 所示。

**表 7-1　各课程信息表**

| 序号 | 课程名称 | 主要建设单位 | 评论数/条 | 清洗后评论数/条 |
|---|---|---|---|---|
| 1 | 大学日语 | 西安交通大学 | 2686 | 2478 |
| 2 | 宏观经济学 | 北京大学 | 1410 | 1236 |
| 3 | 会计学基础 | 北京大学 | 2855 | 2603 |
| 4 | 习近平新时代中国特色社会主义思想概论 | 复旦大学 | 2324 | 2161 |
| 5 | 法理学 | 西南政法大学 | 2402 | 2068 |
| 6 | Python 编程基础 | 南开大学 | 612 | 529 |
| 7 | 人工智能实践：Tensorflow 笔记 | 北京大学 | 3667 | 3070 |
| 8 | 工程制图 | 重庆大学 | 867 | 675 |
| 9 | 大学物理 | 中南大学 | 1344 | 1029 |
| 10 | 线性代数 | 浙江大学 | 1006 | 819 |

本书以表 7-1 中的 10 门国家一流课程的评论为研究样本，其中前 5 门为人文社科类课程，后 5 门为自然科学类课程。在认知形象分析方面，首先运用 Python 的 Jieba 分词库对清洗后的评论进行评论分词和词性标注处理，在此基础上合并同义词，如“教师”合并成“老师”、“学生”合并成“学习者”等，并使用预先构建好的停用词表剔除无意义语素。随后，运用 LDA 主题模型从处理后的评论文本中提取出学习者所关注的课程质量主题，最后通过构建学习评论

的语义网络，以认知形象的演化来分析人文社科和自然科学类国家一流课程建设前后学习者对课程的认知形象感知变化。

### 7.3.1　认知主题的提取

在运用 LDA 模型提取主题前，需确定主题的最优数目。本书采用困惑度来选取最优的主题数目。在此采用困惑度图像曲线下降趋势达到平缓的点所对应的主题数作为最优主题数。结果表明，当主题数为 11 时，LDA 模型的困惑度最小，随后困惑度呈现增长趋势，故确定最优主题数为 11。

随后，运用 Python 中的 Gensim 库对表 7–1 中的 10 门国家一流课程评论数据进行主题建模分析，并进行分析归纳，共提取 11 个主题，具体为："教师讲授""课程内容""知识获得""教学方法""视频质量""课程资源""时间安排""教学设计""习题测试""平台功能""教学案例"，这些主题与肖婉等(2023)通过词频和语境分析得出的课程受欢迎的主要因素类似，基本能涵盖学习者所关注的课程质量主题，主题挖掘结果如表 7–2 所示。

**表 7–2　评论主题及关键主题词**

| 主题 | 主题词 | 比重/% |
|---|---|---|
| 教师讲授 | 讲授 清晰 逻辑 思路 时代 特色 耐心 价值 实例 意义 | 11.6 |
| 课程内容 | 内容 知识 丰富 干货 人工智能 精彩 重点 用心 具体 资源 | 10.5 |
| 知识获得 | 知识 丰富 课堂 体验 完美 精简 学会 所学 条理性 课外 | 9.5 |
| 教学方法 | 方式 教学 讲授 笔记 新颖 效果 轻松 助教 体系 风格 | 9.4 |
| 视频质量 | 生动 视频 有趣 形象 举例 顺序 速度 语音 流利 严谨 | 9.3 |
| 课程资源 | 理论 课件 全面 质量 分析 制作 资源 编程 证书 科学 | 9.1 |
| 时间安排 | 时间 设置 简洁 细致 安排 难度 证书 测试 速度 碎片 | 8.9 |
| 教学设计 | 课程设计 结构 基础 难度 预期 测试 节奏 收益 框架 网课 | 8.6 |
| 习题测试 | 测试 作业 题目 考试 严谨 紧密 每节课 答案 习题 布置 | 8.5 |
| 平台功能 | 系统 平台 慕课 优秀 自学 原理 项目 建议 版本 直观 | 7.5 |
| 教学案例 | 案例 幽默 例子 枯燥 兴趣 生活 习题 每节课 扎实 具体 | 7.1 |

## 7.3.2 人文社科类课程认知主题演化

以表 7-1 中前 5 门人文社科类课程为研究对象，为探究其课程获批国家一流课程前后学习者对课程认知形象感知的变化，以人文社科类国家一流课程的建设时间为时间节点(第一批国家一流课程评定时间为 2020 年，第二批国家一流课程评定时间为 2023 年)，将上述 5 门课程的评论数据分为建设前和建设后两个阶段。借助 ROST CM6 软件分别构建人文社科类课程建设前和建设后学习者评论的特征词共现矩阵，并将其分别导入 Gephi，进一步构建人文社科类课程学习者评论的语义网络。人文社科类课程认知形象演化如图 7-1 所示。

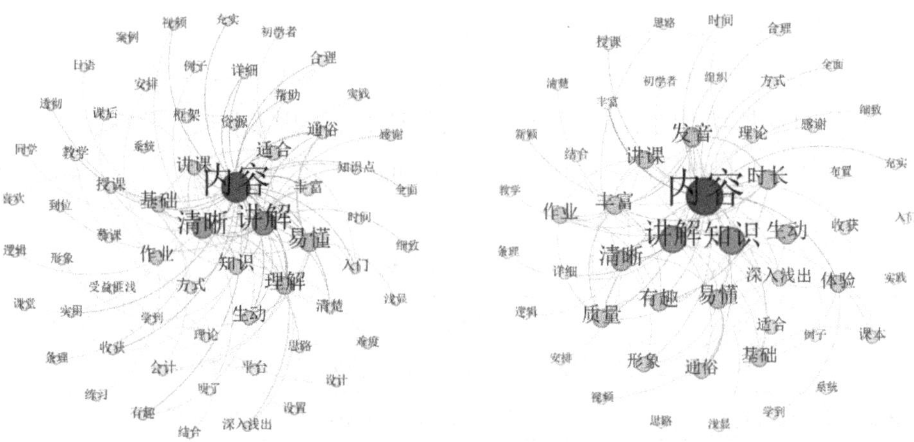


(a) 建设前　　(b) 建设后

**图 7-1 人文社科类课程认知形象演化**

如图 7-1 可知，学习者对人文社科类一流课程感知形象共现网络呈现“核心-次核心-边缘”网络层级结构，且围绕重要节点形成了一层或多层子群。

在人文社科类课程获批国家一流课程前[如图 7-1(a)所示]，学习者对课程的感知网络中，核心层中以“内容”“讲解”为主，体现了人文社科类一流课程建设前，学习者对课程的认知主题主要以课程内容和教师讲授为主；次核心层是学习者对课程认知形象的进一步拓展与延伸，其中“清晰”“适合”“基础”“丰富”等词语是对核心层“内容”主题的评价，表达了课程内容条理清晰、内容丰富有用、难易度适宜等特点。“讲课”“易懂”“生动”“理解”等词语是对核心层“讲解”主题的评价，包括教师讲课生动有趣、通俗易懂等，能够帮助学习者更好地理解和吸收课程内容。除此之外，“知识”“收获”“学到”等词语体现了学习者对“知识获得”主题的认知，表明课程能够提供有价值的知识，帮助他们获得新的见解和技能。“作业”体现了学习者对习题测试的认知，“授课”“方式”“教学”等词语体现了学习者对教学方法的认知，“资源”“慕课”体现了学习者对课程资源的认知；边缘层中“设计”“难度”等词语体现了学习者对教学设计的感知，“视频”体现了学习者对视频质量的认知，“时间”“安排”等体现了学习者对时间安排的认知，“平台”“设置”等体现了学习者对平台功能的认知，“案例”“例子”等体现了学习者对教学案例的认知。

在人文社科类课程获批国家一流课程之后[图 7-1(b)]，“内容”“讲解”“知识”三个节点为网络的核心层要素。其中，“内容”和“讲解”这两个词语一直位于网络的核心层部分，这说明无论课程是否为国家一流课程，课程内容和教师讲授一直都是学习者所关注的要素。“内容”节点较建设前有所变大，表示该主题被提及的频率在变高，可见在课程获批国家一流课程之后，学习者对“课程内容”的关注度明显上升，其原因在于对于国家一流课程，课程内容包括内容是否丰富、知识难度是否适中等因素对学习者的学习收获具有直接影响。同时，“知识”节点由次核心层要素转变为核心层要素，表明对于国家一流课程，学习者对课程学习中的“知识获得”有较高的期待。这与张文丽等的研究结论基本一致，即：在课程的学习过程中，学习者对“课程内容”和“知识获得”两个主题较为重视。随着课程知名度的大幅提升，学习者对这两个主题的关注度得到进一步的提升；次核心层中“清晰”“有趣”“丰富”“讲课”“发音”“生动”“收获”“体验”等词语是学习者对核心层中“课程内容”“教师讲授”“知识获得”三个认知主题感知的评价，“作业”“质量”“教学”“方式”等词语反映了学习者对习题测试、教学方法的感知；边缘层中“时间”“安排”“合理”“思路”“组织”“系统”“设置”“视频”“质量”“例子”等词语反映了学习者对课程在时间安排、教学设计、课程资源、平台功能、视频质量及教学案例等质量因素上的感知。

综上可知，在人文社科类课程获批国家一流课程之前，“教师讲授”和“课程内容”两个要素位于语义网络的核心层，“知识获得”等三个要素位于次核心层，“视频质量”等六个要素位于边缘层。人文社科类课程获批国家一流课程之后，“教师讲授”“课程内容”仍处于语义网络的核心层，“知识获得”这一要素从语义网络的次核心层要素演变为核心层要素。

### 7.3.3 自然科学类课程认知主题演化

以表 7-1 中后 5 门自然科学类课程为研究对象，为探究其课程获批国家一流课程前后学习者对课程认知形象感知的变化，同样以自然科学类国家一流课程的建设时间为时间节点(第一批国家一流课程评定时间为 2020 年，第二批国家一流课程评定时间为 2023 年)，将上述 5 门课程的评论数据分为建设前和建设后两个阶段。随后借助 ROST CM6 软件分别构建人文社科类课程建设前和建设后学习者评论的特征词共现矩阵，并将其分别导入 Gephi，进一步构建自然科学类课程学习者评论的语义网络。自然科学类课程认知形象演化如图 7-2 所示。

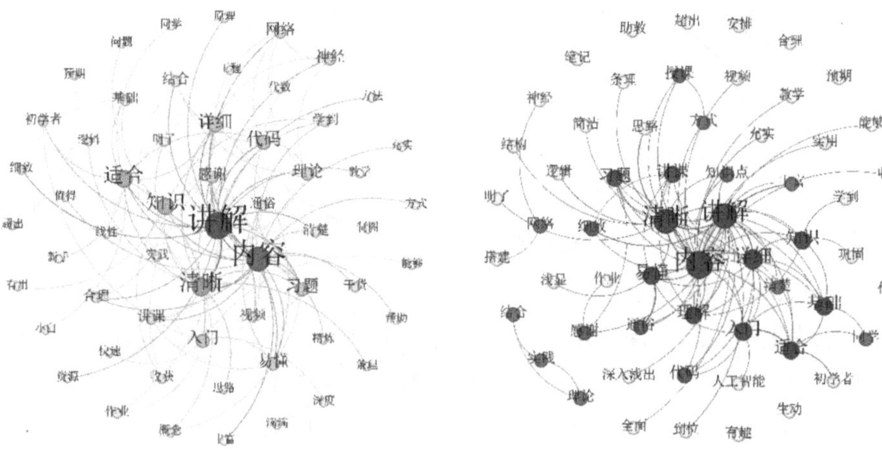


(a) 建设前　　　　(b) 建设后

**图 7-2　自然科学类课程认知形象演化**

如图 7-2 可知，学习者对自然科学类一流课程感知形象共现网络呈现“核心-次核心-边缘”网络层级结构，且围绕重要节点形成了一层或多层子群。

在自然科学类课程获批国家一流课程前[如图 7-2(a)所示]，学习者对课程的感知网络中，核心层中以“讲解”“内容”为主，体现了自然科学类一流课程建设前，学习者对课程的认知主题主要以“教师讲授”和“课程内容”为主；次核心层是学习者对课程认知形象的进一步拓展与延伸，其中“详细”“代码”

“易懂”等词语是对核心层“讲解”主题的评价，包括教师讲解详细、通俗易懂等，能够帮助学习者更好地理解和吸收课程内容。“清晰”“适合”等词语是对核心层“内容”主题的评价，表达了课程内容条理清晰、难易度适宜、适合初学者等特点。除此之外，“知识”“学到”等词语体现了学习者对“知识获得”主题的认知，表明课程能够提供有价值的知识，帮助他们获得新的见解和技能。“习题”体现了学习者对习题测试的认知；边缘层中“讲课”“方式”等词语体现了学习者对教学方法的认知，“资源”“干货”体现了学习者对课程资源的认知，“方法”“合理”等词语体现了学习者对教学设计的感知，“视频”体现了学习者对视频质量的认知。

在自然科学类课程获批国家一流课程之后[如图 7–2(b)所示]，“内容”“讲解”“清晰”三个节点为网络的核心层要素。其中，“内容”和“讲解”这两个词语一直位于网络的核心层部分，这说明无论课程是否为国家一流课程，课程内容和教师讲授一直都是学习者所关注的要素。但“讲解”这一节点较自然科学类课程建设前有所变小。次核心层中的节点数目较建设前有所增多，说明自然科学类课程建设成为一流课程后，学习者对课程的关注度有所增加，其中“清晰”“详细”“易懂”“讲课”“清楚”“通俗”“易懂”“理解”等词语是学习者对核心层中“课程内容”和“教师讲授”两个认知主题的评价，“知识”“学到”“收获”等词语反映了学习者对“知识获得”的感知，“习题”反映了学习者对“习题测试”的感知，“授课”“方式”反映了学习者对“教学方法”的感知；边缘层中“合理”“安排”“结构”反映了学习者对“教学设计”的感知，“视频”反映了学习者对“视频质量”的感知。

综上可知，在自然科学类课程获批国家一流课程之前，“教师讲授”和“课程内容”两个要素位于语义网络的核心层，“知识获得”“习题测试”两个要素位于次核心层，“教学方法”“课程资源”“教学设计”“视频质量”四个要素位于边缘层，其余要素未在语义网络中出现。自然科学类课程获批国家一流课程之后，“教师讲授”和“课程内容”两个要素位于语义网络的核心层，“知识获得”“习题测试”“教学方法”三个要素位于次核心层，“教学设计”“视频质量”两个要素位于边缘层，其余要素未在语义网络中出现。

## 7.4 学习者对在线课程的情感形象分析

### 7.4.1 人文社科类课程情感形象分析

认知主题的情感权重反映了学习者对某个主题的感知对学习者的整体情感的影响程度。为明确不同感知要素对学习者情感体验的影响程度，进一步计算各感知要素的情感权重，以表 7-1 中的 5 门人文社科类国家一流课程的学习者积极和消极评论数据作为评论集合 C，调用 Python 的 re 库，对学习者评论中涉及的认知主题进行标注处理，其中，re 库中的正则表达式可以有效地识别评论中的关键词，进而识别出涉及认知主题的评论。随后对评论中涉及具体的认知主题时的情感极性进行标注，评论整体情感极性则由基于情感词典的方法进行判断，整条评论情感只考虑好评和差评两种类型，涉及某个认知主题时的情感也分为好评和差评两种类型，结果如表 7-3 所示。

**表 7-3　人文社科类课程评论涉及各认知主题时的情感分布**　　单位：条

| 编号 | 认知主题 | 涉及主题的细粒度情感为好评且整体情感为正向的评论记录数 | 涉及主题的细粒度情感为差评且整体情感为正向的评论记录数 | 涉及主题的细粒度情感为好评且整体情感为负向的评论记录数 | 涉及主题的细粒度情感为差评且整体情感为负向的评论记录数 |
|---|---|---|---|---|---|
| 1 | 教师讲授 | 4975 | 223 | 889 | 102 |
| 2 | 课程内容 | 4385 | 49 | 81 | 103 |
| 3 | 知识获得 | 2268 | 26 | 75 | 37 |
| 4 | 教学方法 | 1024 | 76 | 24 | 40 |
| 5 | 视频质量 | 265 | 49 | 5 | 15 |
| 6 | 课程资源 | 394 | 9 | 18 | 57 |
| 7 | 时间安排 | 370 | 34 | 2 | 67 |
| 8 | 教学设计 | 396 | 6 | 45 | 47 |
| 9 | 习题测试 | 300 | 82 | 16 | 168 |

续表 7-3

| 编号 | 认知主题 | 涉及主题的细粒度情感为好评且整体情感为正向的评论记录数 | 涉及主题的细粒度情感为差评且整体情感为正向的评论记录数 | 涉及主题的细粒度情感为好评且整体情感为负向的评论记录数 | 涉及主题的细粒度情感为差评且整体情感为负向的评论记录数 |
|---|---|---|---|---|---|
| 10 | 平台功能 | 335 | 29 | 26 | 83 |
| 11 | 教学案例 | 145 | 20 | 6 | 7 |

根据表 7-3 可知：对于认知主题“教师讲授”而言，学习者在“教师讲授”上的细粒度情感为好评且整条评论为好评的记录数为 4975；学习者在“教师讲授”上的细粒度情感为好评但整条评论为差评的记录数为 889；学习者在“教师讲授”上的细粒度情感为差评但整条评论为好评的记录数为 223；学习者在“教师讲授”上的细粒度情感为差评且整条评论为差评的记录数为 102。由公式(7-2)可算得其频率 fre = (4975 + 889 + 223 + 102)/16668 = 0. 3713，由公式(7-3)、(7-4)可算得其情感一致性 con = (4975+102)/(4975+889+223+102) = 0. 8203，最后，由公式(7-1)计算可得其情感权重值 $w$ = 0. 3046。同上述过程，可算得各个认知主题的情感权重值，结果如表 7-4 所示。

**表 7-4　学习者对人文社科类课程的认知主题的情感权重值**

| 序号 | 认知主题 | 情感权重值 | 排名 |
|---|---|---|---|
| 1 | 教师讲授 | 0. 3046 | 1 |
| 2 | 课程内容 | 0. 2693 | 2 |
| 3 | 知识获得 | 0. 1383 | 3 |
| 4 | 教学方法 | 0. 0638 | 4 |
| 5 | 视频质量 | 0. 0168 | 10 |
| 6 | 课程资源 | 0. 0271 | 6 |
| 7 | 时间安排 | 0. 0262 | 8 |
| 8 | 教学设计 | 0. 0266 | 7 |
| 9 | 习题测试 | 0. 0281 | 5 |

**续表 7-4**

| 序号 | 认知主题 | 情感权重值 | 排名 |
|---|---|---|---|
| 10 | 平台功能 | 0.0251 | 9 |
| 11 | 教学案例 | 0.0009 | 11 |

由表 7-4 可知，“教师讲授”和“课程内容”的情感权重排名靠前，说明学习者对课程在“教师讲授”和“课程内容”两个认知主题上的感知对学习者对课程整体的情感影响最大，同时这两个认知主题在语义网络中位于核心层，是学习者最为关注的要素。此外，由表 7-3 可知，这两个认知主题的好评数居多，由具体文本可知其差评主要集中在“老师语速太慢了，至少得 1.25 倍速听”“老师完全在念 PPT，基本没有 PPT 以外的多余的话，很多地方只说最基础的概念，讲得也不深入”“内容过于简单而且授课内容很少”“课程内容趣味性不够，有的地方还是不够清晰”等方面，因此课程形象提升需首要关注此类要素。“知识获得”的情感权重仅次于“教师讲授”和“课程内容”，这与前文中得到的在认知形象演化过程中“知识”主题由次核心层进入核心层的结果(图 7-1)是一致的，说明在课程转变为一流课程的过程中，“知识获得”对学习者整体情感的影响程度是不断提高的。“教学方法”的情感权重值排名第四，且该要素在语义网络中位于次核心层，说明课程在“教学方法”上的表现也是影响学习者课程学习体验的关键性因素。一方面，“习题测试”“课程资源”“教学设计”“时间安排”“平台功能”五个认知主题的情感权重相近，其中“习题测试”位于语义网络的次核心层，学习者对其也存在一定的关注度，而通过表 7-4 可看出有关习题测试的差评率在所有的认知主题中是最多的，由具体文本分析可知学习者认为习题测试存在难度太大、答案无详细解读过程、答案不灵活及作业量过少等问题。另一方面，其关注度却不高，由此可推断：“习题测试”是一个被很多课程建设者忽略了的关键因素。而对于国家一流课程而言，“习题测试”是促使学习者吸收消化课程教学内容的关键一环。但从其较多出现于负面评论中的情况来看，其对学习者对课程的情感的影响具有单向性。即当课程在“习题测试”方面做得较好时，学习者在评论时很少特意提及，仅凭该因素很难使学习者对课程产生正向情感；而当课程在该方面表现不好时，则会影响到学习者的学习体验，引发大量吐槽，进而促使学习者对课程产生负向情感。“视频质量”“教学案例”

的情感权重值相对来说较低，且其在语义网络中位于边缘层，表明学习者对课程"视频质量"和"教学案例"这 2 个主题的关注度不高，同时这 2 个主题对学习者对课程的整体情感的影响相对较小。最终可确定"教师讲授""课程内容""知识获得""教学方法""习题测试"五个因素是影响学习者对课程的情感的关键因素。刘清堂等学者发现：对于人文社科类课程，"课程内容""学习体验""课程教师""课程设计"四个因素均会对学习者的课程满意度造成重要影响。与此类似，本书也发现："课程内容""教师讲授""知识获得"三个因素为影响学习者对课程的情感的关键因素。除此之外，本书还发现了"习题测试"与"教学方法"同样对学习者对课程的情感具有重要影响。其中，"习题测试"对学习者对课程的情感的影响具有单向性。

综上可知，在情感形象方面，人文社科类课程中"教师讲授""课程内容""知识获得""教学方法""习题测试"五个要素为影响学习者对课程情感的关键因素，其中，习题测试于学习者对课程情感的影响具有单向性。

### 7.4.2　自然科学类课程情感形象分析

同样，以表 7–1 中的 5 门自然科学类国家一流课程的学习者积极和消极评论数据作为评论集合 C，调用 Python 的 re 库，对学习者评论中涉及的认知主题进行标注处理，随后对评论中涉及具体的认知主题时的情感极性进行标注，评论整体情感极性则由基于情感词典的方法进行判断，整条评论情感只考虑好评和差评两种类型，涉及某个认知主题时的情感也分为好评和差评两种类型，结果如表 7–5 所示。

**表 7–5　自然科学类课程评论涉及各认知主题的情感分布**　　单位：条

| 编号 | 认知主题 | 涉及主题的细粒度情感为好评且整体情感为正向的评论记录数 | 涉及主题的细粒度情感为差评且整体情感为正向的评论记录数 | 涉及主题的细粒度情感为好评且整体情感为负向的评论记录数 | 涉及主题的细粒度情感为差评且整体情感为负向的评论记录数 |
|---|---|---|---|---|---|
| 1 | 教师讲授 | 1697 | 38 | 15 | 51 |
| 2 | 课程内容 | 1428 | 80 | 46 | 75 |

续表 7-5

| 编号 | 认知主题 | 涉及主题的细粒度情感为好评且整体情感为正向的评论记录数 | 涉及主题的细粒度情感为差评且整体情感为正向的评论记录数 | 涉及主题的细粒度情感为好评且整体情感为负向的评论记录数 | 涉及主题的细粒度情感为差评且整体情感为负向的评论记录数 |
|---|---|---|---|---|---|
| 3 | 知识获得 | 768 | 19 | 31 | 11 |
| 4 | 教学方法 | 172 | 6 | 3 | 9 |
| 5 | 视频质量 | 83 | 24 | 12 | 15 |
| 6 | 课程资源 | 147 | 65 | 11 | 19 |
| 7 | 时间安排 | 18 | 3 | 5 | 5 |
| 8 | 教学设计 | 119 | 4 | 3 | 2 |
| 9 | 习题测试 | 417 | 111 | 28 | 30 |
| 10 | 平台功能 | 81 | 14 | 6 | 10 |
| 11 | 教学案例 | 18 | 6 | 0 | 3 |

根据表 7-5 可知：对于认知主题“教师讲授”而言，学习者在“教师讲授”上的细粒度情感为好评且整条评论为好评的记录数为 1697；学习者在“教师讲授”上的细粒度情感为好评但整条评论为差评的记录数为 15；学习者在“教师讲授”上的细粒度情感为差评但整条评论为好评的记录数为 38；学习者在“教师讲授”上的细粒度情感为差评且整条评论为差评的记录数为 51。由公式(7-2)可算得其频率 $fre=(1697+15+38+51)/6122=0.2942$，由公式(7-3)、(7-4)可算得其情感一致性 $con=(1697+51)/(1697+15+38+51)=0.9706$，最后，由公式(7-1)计算可得其情感权重值 $w=0.2855$。同上述过程，可算得各个认知主题的情感权重值，结果如表 7-6 所示。

**表 7-6　学习者对自然科学类课程的认知主题的情感权重值**

| 序号 | 认知主题 | 情感权重值 | 排名 |
|---|---|---|---|
| 1 | 教师讲授 | 0.2855 | 1 |
| 2 | 课程内容 | 0.2455 | 2 |

续表 7–6

| 序号 | 认知主题 | 情感权重值 | 排名 |
|---|---|---|---|
| 3 | 知识获得 | 0. 1272 | 3 |
| 4 | 教学方法 | 0. 0296 | 5 |
| 5 | 视频质量 | 0. 0160 | 8 |
| 6 | 课程资源 | 0. 0271 | 6 |
| 7 | 时间安排 | 0. 0038 | 10 |
| 8 | 教学设计 | 0. 0198 | 7 |
| 9 | 习题测试 | 0. 0730 | 4 |
| 10 | 平台功能 | 0. 0149 | 9 |
| 11 | 教学案例 | 0. 0034 | 11 |

由表 7–6 可知，“教师讲授”和“课程内容”的情感权重值排名靠前，说明学习者对课程在“教师讲授”和“课程内容”两个认知主题上的感知对学习者对课程整体的情感影响最大，同时这两个认知主题在语义网络中位于核心层，是学习者最为关注的要素。此外，由表 7–6 可知，这两个认知主题的好评数居多，由具体文本可知其差评主要集中在“老师照着 PPT 念根本没有解释，对于很晦涩难懂的也不进行说明”“客观来讲，这老师讲得真不行，乱七八糟的”“内容太多了，学不过来”“理解起来有点难度，主要是把问题过于抽象化，绕不过来弯”等方面，因此课程形象提升需首要关注此类要素。“知识获得”的情感权重值仅次于“教师讲授”和“课程内容”，说明在自然科学类课程建设过程中，“知识获得”对学习者整体情感的影响程度也具有重要作用。“习题测试”的情感权重值排名第四，且该要素在语义网络中位于次核心层，一方面，说明课程在“习题测试”上的表现也是影响学习者课程学习体验的关键性因素，学习者对其也存在一定的关注度，而通过表 7–6 可看出有关习题测试的差评率在所有的认知主题中是最多的，由具体文本分析可知其差评主要集中在缺少编程练习、习题测试难度大、无答案解析等方面。另一方面，其关注度却不高，由此可发现：在自然科学类课程中，“习题测试”也是一个被很多课程建设者忽略了的关键因素。对于自然科学类国家一流课程而言，“习题测试”不仅是检验学习成果的手段，也是促进学生主动学习、创新思维和加强知识应用能力的重要途径。但从

其较多出现于负面评论中的情况来看，其对学习者对课程的情感的影响同样具有单向性。“教学方法”“课程资源”“教学设计”“视频质量”“平台功能”五个认知主题的情感权重值相近，且其情感权重值相较而言不高，说明这五个要素对学习者的情感体验影响度不高。此外，“时间安排”“教学案例”的情感权重值相对来说较低，且该主题在语义网络中并未出现，表明学习者对课程视频质量和教学案例这2个主题的关注度不高，同时这2个主题对学习者对课程的整体情感的影响相对较小。最终可确定“教师讲授”“课程内容”“知识获得”“习题测试”四个因素是影响学习者对课程的情感的关键因素。石映辉等学者发现：“学习者感知的任务价值”“指导者的教学能力”“课程质量的课程内容”“媒体技术的系统特性”四个因素均会对学习者对课程满意度造成重要影响。与此类似，本书也发现：“课程内容”“教师讲授”“知识获得”三个因素为影响学习者对课程的情感的关键因素。除此之外，本书还发现了“习题测试”同样对学习者对课程的情感具有重要影响。其中，“习题测试”对学习者对课程的情感的影响具有单向性。

综上可知，在情感形象方面，自然科学类课程中“教师讲授”“课程内容”“知识获得”“习题测试”四个要素为影响学习者对课程情感的关键因素，同样，“习题测试”于学习者对课程情感的影响具有单向性。

## 7.5 学习者对在线课程的整体形象分析

### 7.5.1 人文社科类课程的整体形象

通过整理学习者对人文社科类课程的评分情况，以确定学习者对表7-1中的5门人文社科类国家一流课程的整体情感倾向。以在线平台上的每条课程评论的评价星值为基础，统计学习者对人文社科类课程的整体形象的评分。其中1星评论有167条，2星评论有97条，3星评论有260条，4星评论有1153条，5星评论有8869条，学习者对人文社科类课程总体评分均值为4.75，结果如表7-7所示。

表 7–7　人文社科类课程学习者整体形象评分

| 课程类型 | 星级 | 评论数/条 | 总体平均分 |
|---|---|---|---|
| 人文社科 | 1 星 | 167 | 4.75 |
| | 2 星 | 97 | |
| | 3 星 | 260 | |
| | 4 星 | 1153 | |
| | 5 星 | 8869 | |

通过表 7–7 可发现：学习者对这些人文社科类国家一流课程的整体评价较高，大多数学习者对课程评分为 5 星。若以学习者评分星级为其积极和消极感知评价标准，3 星为中性值，低于 3 星为消极情感，高于 3 星为积极情感，则 95.03%的学习者给课程评分为 3 分以上，2.47%的学习者给课程评分为 3 分，2.50%的学习者给课程评分为 3 分以下，说明从评分上看，学习者对人文社科类一流课程的整体评价以正面评价为主。然而，根据鄢慧丽等学者的研究发现：消费者的评分与消费者评论的情感之间虽然总体呈正相关性，但仍可能存在一定程度的不一致性。因此，在测定课程的整体形象时，除了学习者对课程评分外，还需要学习者对评论进行情感倾向分析。

接着，基于 BosonNLP 情感词典的方式对学习者评论数据进行情感倾向分析，在该词典的基础上有针对性地添加或修改有关教育领域的词语，计算每条评论文本的情感得分并将情感值进行归一化处理后映射到[–1，1]区间上以实现在线课程整体形象感知，结果如图 7–3 所示，图中横坐标代表情感值，情感值大于 0 的为积极评论，情感值等于 0 的为中性评论，小于 0 的为消极评论，越趋近 1 表示积极情感越强，越趋近–1 表示消极情感越强。

纵坐标代表文本评论数量，柱形越高代表在一定情感值区间内的评论数量越多。由图 7–3 可知，大多数评论的情感值都分布在 0.5 至 1 之间，这说明：从学习评论的情感上看，绝大多数的学习者对课程的整体形象感知是正面的，学习者对一流课程的整体认可度较高。但同时也存在一定数量的学习者对课程的形象感知较为一般，甚至有相当部分的学习者对课程的整体形象感知是负面的。具体的学习者评论文本情感分析结果如下：82.82%的评论反映出学习者对课程的正面形象感知，4.41%的评论反映出学习者对课程的中性形象感知，

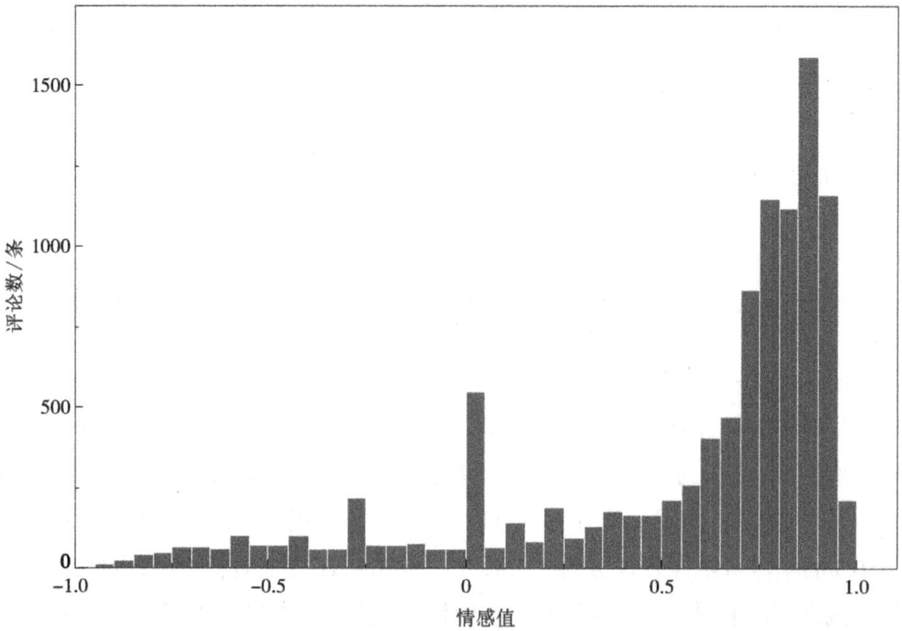


**图 7-3 人文社科类课程学习者评论整体情感分析**

12.77%的评论反映出学习者对课程的负面形象感知。对比前文中 95.03%的学习者给课程评分为 3 分以上，2.47%的学习者给课程评分为 3 分，2.50%的学习者给课程评分为 3 分以下的结果发现：学习者评分星级与学习者对课程整体形象的感知之间存在着一定程度上的不一致性，这与鄢慧丽等学者在电商评论领域的发现具有相似性。

最后，再使用 jieba 分词库对评论文本进行分词，从中抽取学习者推荐意愿关键词，可探知学习者是否有推荐课程的想法。通过“推荐”“值得”“安利”等表达推荐意愿的词语测算学习者对课程的推荐意愿，如表 7-8 所示。结果发现，学习者的推荐意愿偏低，约为 2.43%。大部分学习者未表明意愿。这说明：虽然学习者对国家一流课程的整体形象感知为正向的，但课程和学习者心目中的一流课程标准仍有着较大差距，课程仍旧存在着巨大的改进空间。

**表 7-8　人文社科类课程学习者推荐意愿**

| 推荐意愿 | 肯定 | 否定 | 未表明 |
| --- | --- | --- | --- |
| 人数 | 256 | 4 | 10286 |

### 7.5.2　自然科学类课程的整体形象

通过整理学习者对自然科学类课程的评分情况，以确定学习者对表 7-1 中 5 门自然科学类国家一流课程的整体情感倾向。同人文社科类课程一样，以在线平台上的每条课程评论的评价星值为基础，统计学习者对自然科学类课程的整体形象的评分。其中，1 星评论有 113 条，2 星评论有 78 条，3 星评论有 214 条，4 星评论有 965 条，5 星评论有 4752 条，学习者对自然科学类课程总体评分均值为 4.66，如表 7-9 所示。

**表 7-9　自然科学类课程学习者整体形象评分**

| 课程类型 | 星级 | 评论数/条 | 总体平均分 |
| --- | --- | --- | --- |
| 自然科学 | 1 星 | 113 | 4.66 |
| | 2 星 | 78 | |
| | 3 星 | 214 | |
| | 4 星 | 965 | |
| | 5 星 | 4752 | |

通过表 7-9 可发现：学习者对这些自然科学类国家一流课程整体评价较高，大多数学习者对课程评分为 5 星。若以学习者评分星级为其积极和消极感知评价标准，3 星为中性值，低于 3 星为消极情感，高于 3 星为积极情感，则 93.38%的学习者给课程评分为 3 分以上，3.50%的学习者给课程评分为 3 分，3.12%的学习者给课程评分为 3 分以下，说明从评分上看，学习者对自然科学类一流课程的整体评价以正面评价为主。同人文社科类课程的整体形象分析，在测定课程的整体形象时，除了学习者对课程评分外，还需要学习者对评论进行情感倾向分析。

随后，基于 BosonNLP 情感词典的方式对学习者评论数据进行情感倾向分析，在该词典的基础上有针对性地添加或修改有关教育领域的词语，计算每条评论文本的情感得分并将情感值进行归一化处理后映射到[-1，1]区间上以实现在线课程整体形象感知，结果如图 7-4 所示，情感值大于 0 的为积极评论，情感值等于 0 的为中性评论，小于 0 的为消极评论，越趋近 1 表示积极情感越强，越趋近-1 表示消极情感越强。

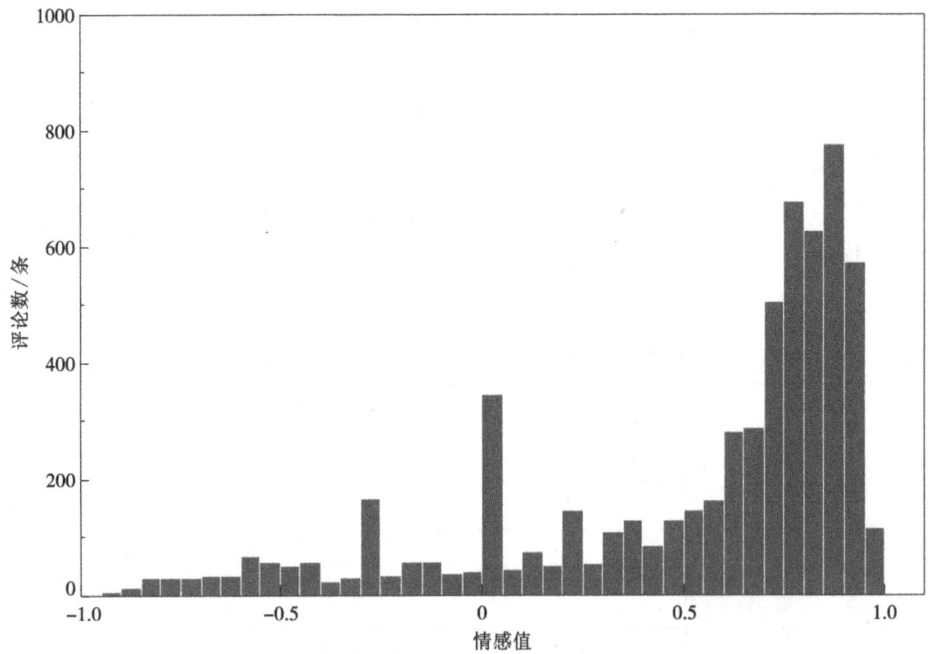


图 7-4　自然科学类课程学习者评论整体情感分析

由图 7-4 可知，大多数评论的情感值都分布在 0.5 至 1 之间，这说明：从学习评论的情感上看，绝大多数的学习者对课程的整体形象感知是正面的，学习者对一流课程的整体认可度较高。但同时也存在一定数量的学习者对课程的形象感知较为一般，甚至有相当部分的学习者对课程的整体形象感知是负面的。具体的学习者评论文本情感分析结果如下：81.27%的评论反映出学习者对课程的正面形象感知，4.98%的评论反映出学习者对课程的中性形象感知，13.75%的评论反映出学习者对课程的负面形象感知。对比前文中 93.38%的学习者给课程评分为 3 分以上，3.50%的学习者给课程评分为 3 分，3.12%的学习者给课程评分为 3 分以下的结果同样发现：学习者评分星级与学习者对课程整体形象的感知之间存在着一定程度上的不一致性。

最后，再使用 jieba 分词库对评论文本进行分词，从中抽取学习者推荐意愿关键词，可探知学习者是否有推荐课程的想法。通过“推荐”“值得”“安利”等表达推荐意愿的词语测算学习者对课程的推荐意愿，如表 7-10 所示。结果发现，学习者的推荐意愿偏低，约为 2.48%。大部分学习者未表明意愿。这说明：虽然学习者对国家一流课程的整体形象感知为正向的，但课程和学习者心目中的一流标准仍有着较大差距，课程仍旧存在着巨大的改进空间。

**表 7-10　自然科学类课程学习者推荐意愿**

| 推荐意愿 | 肯定 | 否定 | 未表明 |
| --- | --- | --- | --- |
| 人数 | 152 | 8 | 5962 |

## 7.6　在线课程形象塑造策略

通过上述分析可知，无论是人文社科类一流课程还是自然科学类一流课程，虽然在学习者心目中的整体形象以正面为主，但仍存在部分学习者对课程不太认可，且学习者对课程的推荐意愿并不高。这表明课程仍存在巨大的改进空间，因此，研究从教师讲授、课程内容、知识获得、教学方法和习题测试等方面提出以下形象塑造策略。

### 7.6.1　加强教育培训，提升教师教学能力

本书发现：教师讲授和教学方法是影响学习者情感体验的关键因素，且其分别位于语义网络的核心和次核心层，对学习者形象感知具有重要影响。教师作为在线课程的建设者、实施者和管理者，其信息技术应用、语言表达及教学活动组织等能力都是保证在线课程学习满意度的关键。只有不断提高教学能力，才能为提升课程感知形象提供持久动力。

首先，需要构建一个全面的教育培训体系，这包括了信息化教学技能、教学设计能力、在线学习活动组织、教学评估等方面的培训。通过建立专业的教育培训机构，为在线教育教师提供相应的培训课程。与此同时，学校也应给予

教师的专业发展足够的关注，并为其提供相应的培训，以提升教师的教学能力。其次，由于在线教育的教师有着不同的背景，具备不同的专业知识和教学经验。因此，在教育培训过程中，应该充分考虑教师的个性化需求，提供多样化的培训内容和方式。例如，可以定期开展教学研讨会、专题讲座、教学观摩等活动，让教师能够根据自身需求选择适合自己的培训项目，并在培训中得到个性化的指导和支持。最后，积极推动教师的教学创新。不同于传统课程，在线教育对教师提出了更高的要求。在线教育需要教师具备创新思维与实践能力，并能根据学生需求和教学环境的变化及时调整教学策略。为此，可以鼓励教师参与教学设计的创新项目，并提供一个教学资源的共享平台，以促进教师之间的交流和经验分享，提升教师教学能力。

### 7.6.2 内容为王，塑造实用的课程内容

课程内容是在线教育的核心竞争力，也是学习者进行在线学习的基础，其在语义网络中位于核心层部分。因此，在线课程应以“内容为王”为基本理念，提供有趣、实用、前沿的课程内容。

首先，需要根据学习者特性整合和优化课程内容。由于目前国内同一类型课程存在内容相似性大、内容多而杂等问题，较少针对学习者特性设计不同表现形式和难度的课程内容。因此，需要根据学习者需求及个性特征设计课程内容，梳理现有教学资源，挖掘和整合最具价值的内容，剔除冗余和过时的信息，确保课程内容的紧凑性和时效性。同时，注重课程内容的优化，可以使用具体的案例来解释抽象的概念，使内容更加形象化，以便于学习者理解和吸收内容知识。其次，应重视实用性和趣味性的融合。在线课程内容应具备实用性，即内容应与实际工作和生活紧密相关，以便帮助学生解决实际问题并应对挑战。同时，内容也应该注重趣味性，内容的设计应包含丰富的多媒体元素、生动的实际案例和互动活动，以激发学生的好奇心和创造力，增加学习者在课程学习过程中的趣味性。

### 7.6.3 双管齐下，提升学习者知识获得感

知识获得是学习的根本性目标，课程内容是基础，教师讲授是渠道，因此，提升一流课程形象的关键在于提升学习者课程学习的知识获得感，而提升学习者的知识获得感，需要从课程内容与教师讲授两个方面入手。在课程内容方

面，课程建设者应当对每一次课的教学内容及知识点进行优化和调整，以确保课程的内容质量。在教师讲授方面，应该做到语速适中，以确保学习者能够跟上教学节奏，充分吸收知识，同时，教师还需注重讲解的生动性和形象性，运用丰富的教学手段和案例，将抽象的理论具体化，从而有效地将课程内容传授给学习者以提升学习者的知识获得感。

### 7.6.4　多元协同，优化在线课程考核评价

优化在线课程考核评价，应考虑在线课程的特点，如在线教育平台的开放性、学习方式的灵活性、课程内容结构等，构建一个综合而灵活的评价体系，能够全面、客观地评估学生的学习成果和能力发展。

首先，应采用多样化的评估方法，如：作业、测试、讨论参与等，可以通过在线教育平台布置足量的在线练习和课后作业，同时组织必要的在线单元测验和讨论，并将学生的练习、作业、单元测验成绩和讨论纳入课程成绩考评中，以全面评估学习者的学习成果和能力。不同的评估方法能够考察学习者的知识吸收情况，从而更全面地了解他们的学习情况。其次，对于在线课程考核的习题测试而言，其是学习者对所学知识点进行反刍的关键环节。课程建设者在设计课后的相关习题时，应当做到题目与教学内容之间紧密相关，题目的难度适中，并提供详细的解答过程，以更好地促进学习者对所学知识进行吸收消化，从而将所学内容内化为自身知识。同时，受限于手机等移动终端的访问能力，在线课程应以选择题、判断题等客观题型覆盖视频所涉及的知识点，并不需要过于追求题型的丰富性。最后，需要注重考核评价的个性化和差异化。由于不同学习者之间的学习风格和需求可能不同，因此，在线课程的考核评价应当考虑到学习者之间存在的个体差异，提供针对性的反馈和指导。同时，运用技术工具也是实现多元协同评价的关键。通过借助现代化的在线教育平台和评价工具，能够即时追踪学生的学习进展和行为表现，方便收集学习者的学习数据，并进行深入的数据分析。这些学习数据有助于教师更精确地判断学习者的学习效果，发现潜在难题，并给出有针对性的指导建议，从而提升学习者的学习体验和成效。

## 7.7 本章小结

探究学习者对在线课程的形象感知，对提升一流在线课程的学习者形象，塑造一流课程的品牌形象有重要的意义。本章以中国大学 MOOC 平台上的学习者评论文本为研究数据，采用 LDA 模型、语义网络和情感分析方法从学习者认知、情感和整体三个维度对人文社科和自然科学类课程形象进行了探究，最后从影响学习者情感体验的教师讲授、课程内容等 5 个方面提出在线课程形象塑造策略。

# 第8章
# 总结与展望

## 8.1 研究结论

本书从学习评论的视角出发，综合运用LDA文本挖掘技术、KANO模型、QFD质量屋、云模型、手段-目的链模型、认知-情感-整体模型等理论与方法对在线课程学习需求分析、在线课程质量提升路径的设计、在线课程迭代效果的测度、学习者持续意愿的形成机制、课程形象的形成过程等在线课程质量建设过程中的关键问题进行了分析，得到了以下结论。

### 1. 学习者需求分析方面

运用LDA从学习评论中提取出“教学风格”“视频质量”“知识难度”等十个学习者对课程的需求主题。运用KANO模型结合涉及这些需求主题时的情感分布情况，确定了各个需求主题所属的KANO类型。其中：“教学风格”“视频质量”“知识难度”三个需求主题为必备型需求；“课堂体验”“教师资质”“内容有用性”“内容全面性”等四个需求主题属于期望型需求；“教学方法”“信息资源”“教学反馈”三个需求主题属于魅力型需求。

### 2. 在线课程质量提升路径方面

以中国大学MOOC平台上的人文社科和自然科学类国家一流课程为对标对象，以非国家一流课程为研究对象，采用QFD将学习者需求转化为在线课程的关键技术质量属性，进而分别提出人文社科和自然科学类课程质量提升路径。对于人文社科类非一流课程，“学习兴趣培养”“教学安排”“教学模式”“教学活动”四个课程技术质量属性为引导人文社科类课程质量提升的关键因素。其中，“学习兴趣培养”“教学安排”“教学模式”为核心质量改进点；“教学活动”为第二层次的质量改进点。对于自然科学类课程而言，“内容多样化呈现”“课程视频”“教学安排”“课后习题”四个课程技术属性为引导自然科学类课程质量提升的关键因素。其中，“内容多样化呈现”“教学安排”为核心质量改进点；“课程视频”“课后习题”为第二层次的质量改进点。

### 3. 在线课程的质量迭代效果评估方面

以魅力型学习需求和期望型学习需求为基础构建出在线课程迭代效果评估指标体系，以综合能力成熟度模型以及云模型分别对人文社科类一流课程和自然科学类一流课程从申报前至认定后的课程质量迭代效果进行评估，发现：对于人文社科类的一流课程，经过国家一流课程的质量建设，其综合质量水平由申报前的弱定义级状态提升至认定后的强管理级水平，整体的质量水平较高。从课程在各个质量指标上的细粒度迭代效果看，课程在课堂体验指标上由初始的强可重复级水平提升至弱优化级的质量水平，在教师资质指标上由初始的强可重复级水平提升至弱管理级水平，在课程内容方面由初期的强定义级水平提升至强管理级水平，在教学方法上由初始的强可重复级水平提升至强管理级水平，在信息资源上由弱可重复级水平提升至强管理级水平，在教学反馈指标上由弱管理级水平提升至强优化级水平。对于自然科学类一流课程，经过国家一流课程的质量建设，其综合质量水平由申报前的弱可重复级状态提升至认定后的强管理级水平，整体的质量水平并不高，明显低于同期人文社科类一流课程的质量水平。从课程在各个质量指标上的细粒度迭代效果看，课程在课堂体验指标上由初始的强可重复级水平提升至强定义级的质量水平，在教师资质指标上由初始的弱可重复级水平提升至弱定义级水平，在课程内容方面由初期的强可重复级水平提升至强定义级水平，在教学方法上由初始的弱可重复级水平提升至强定义级水平，在信息资源上由弱可重复级水平提升至强管理级水平，在教学反馈指标上由强可重复级水平提升至强定义级水平。课程在教师资质和教学内容的最终质量水平明显低于课程的平均质量水平。

### 4. 学习者持续学习意愿的形成机制方面

基于中国大学 MOOC 上的学习评论数据为研究对象，将手段–目的链模型与文本挖掘技术相结合，构建出在线学习的价值层次图，发现了“课程讲解–知识获取–价值感知”“教学方式–求知兴趣–内在激励”“教学设计–学习效果–自我提升”“课程讲解–启发思考–内在激励”“内容资源–内容有用性–期望满足”“视频质量–学习体验–期望满足”6 条在线课程学习者持续学习意愿的形成路径。其中，“课程讲解–知识获取–价值感知”和“教学方式–求知兴趣–内在激励”为学习者持续学习意愿形成的关键路径。

### 5. 课程形象感知分析方面

将“认知–情感–整体”框架与语义网络技术相结合，分别对人文社科类一流课程和自然科学类课程的学习者的课程形象感知情况进行了分析，发现：对于人文社科类一流课程，学习者对课程形象认知主题以“教师讲授”“课程内容”“知识获得”为核心；而对于自然科学类一流课程，学习者对课程的形象认知主题以“教师讲授”“课程内容”为核心；学习者对人文社科类一流课程和自然科学类一流课程的整体情感均以正向情感为主，但和学习者心目中的一流课程标准仍存在一定的差距。

## 8.2　学术贡献及创新之处

### 1. 研究视角的新颖性

①当前学习者需求的获取主要依赖问卷调查模式，而问卷调查模式存在由于问卷设计者与学习者存在认知差异，问卷获取需求数据与真实的学习者需求存在偏差的问题。本书则将从学习评论的视角出发，将文本挖掘技术与 KANO 模型相结合，从学习者关于课程的评论数据中提取学习者对在线课程的需求，从而能够有效克服问卷调查模式的缺陷。

②以往关于在线课程质量改进的研究认为只要获取了学习者的需求即可驱动在线课程质量的改进，忽略了在线课程属于服务型产品这一本质特征。对于服务型产品而言，单纯的需求并不能有效驱动产品质量的改进，只有将需求转

化为产品的关键技术质量属性才能有效驱动产品质量的提升。本书从服务型产品质量改进的视角出发，运用 QFD 方法将从学习评论中获取的学习者需求转化为课程的关键技术质量属性以驱动课程质量的提升，具有较新的研究视角。

③当前关于在线课程形象的研究较为鲜见，且主要从学习者对课程的认知或学习者对课程的情感等某一个侧面展开，忽略了课程形象形成过程中的课程认知、学习者对认知主题的情感以及课程整体形象三者之间的关系，本书引入“认知-情感-整体”框架，结合学习评论挖掘技术对国家一流课程的形象进行分析，具有较新的研究视角。

### 2. 研究方法的创新性

①针对在线课程学习需求分析过程中如何确定需求主题所属 KANO 类型的问题，提出了在线课程学习需求的 KANO 隶属度构建方法，能够根据学习者涉及需求主题时的细粒度情感以及评论的整体情感，计算出需求主题在魅力型需求、期望型需求、必备型需求上的隶属度，从而确定需求主题所属的 KANO 类型。

②针对在线课程质量改进路径设计过程中如何将学习需求转化为课程的关键技术质量属性的问题，提出了基于 QFD 的在线课程质量屋构建方法，能够将从学习评论中提取的学习需求转化为引导课程质量提升的关键技术质量属性。

③针对在线课程质量迭代效果评估的问题，提出了基于能力成熟度及云模型的在线课程质量迭代效果评估方法，能够对课程质量迭代的总体效果以及在各个指标上的细粒度迭代效果进行评估。

④针对在线课程学习者持续学习意愿形成机制中学习者持续学习意愿形成的关键路径识别问题，提出了基于手段-目的链的学习者持续学习意愿形成路径分析方法及链路径系数计算方法，确定了在线课程学习者持续学习意愿形成的关键路径。

## 8.3 研究展望

囿于时间以及作者的精力与能力，本书的研究工作依然存在一定的不足及后续需要改进之处，主要包括以下方面：

①本书主要基于学习者在中国大学 MOOC 平台上留下的课程评论数据对

在线课程质量改进路径设计、在线课程质量迭代效果评估等课程建设中的问题展开研究，而在 MOOC 学习平台上，平台除了保存有学习评论数据以外，还保留有学习者观看课程视频的时长、参加学习的频数、提交课程作业的情况等多个维度的数据，如何将学习评论数据与上述的其他维度的数据相结合对在线课程的质量改进效果进行评估值得进一步深入研究。

②本书对学习评论的情感进行分析时，并未考虑评语的情感与学习者给出的评价分值之间可能存在不一致的问题，这无疑会给研究结果的准确性带来不利的影响，因此，如何对评语情感与评价分值之间存在不一致的情形进行处理，也是未来值得继续深入研究的重要问题。

③本书在探讨课程形象的塑造时，并未考虑任课教师个人的形象对课程形象的影响，而实际上，对于那些深受学习者欢迎的高质量在线课程而言，课程往往带有较深的主讲教师的个性化烙印，学习者对课程的认可很大程度上源于对主讲教师的认可，因此主讲教师个人形象对课程形象塑造的影响也值得后续深入研究。

# 参考文献

[1] 刘颖，吉久明，李楠，等. 学生视角下的 MOOC 课程教学质量评价体系构建研究：以学术信息素养类 MOOC 课程为例[J]. 图书馆杂志，2021，40(2)：95-103.

[2] 顾晓薇，胥孝川，王青. 国家精品在线开放课程建设研究[J]. 现代教育管理，2020(6)：77-83.

[3] 朱春俐. 开放教育在线课程学习体验调查研究[J]. 成人教育，2021，41(11)：25-30.

[4] 中华人民共和国教育部. 教育部关于一流本科课程建设的实施意见[EB/OL](2019-10-30)[2024-08-01]. http：//www. moe. gov. cn/srcsite/A08/s7056/201910/t20191031_406269. html.

[5] 王伟，田长海. 我国高校慕课建设现状研究[J]. 北京教育(高教)，2019(4)：69-72.

[6] 张新香，段燕红. 基于学习者在线评论文本的 MOOC 质量评判：以“中国大学 MOOC”网的在线评论文本为例[J]. 现代教育技术，2020，30(9)：56-63.

[7] 闫寒冰，段春雨. 面向学习者感知的在线课程内容质量分析框架[J]. 现代远程教育研究，2018(5)：95-103.

[8] GREGORI，E B，ZHANG，J J，CRISTINA，G F，et al. Learner support in MOOCs：Identifying variables linked to completion[J]. Computers & Education，2018，122.

[9] 黄秀玲. 资源整合：基于学习者需求的教学内容重构[J]. 教育理论与实践，2018，38(22)：61-64.

[10] 张艳艳. 基于需求分析理论的学习需求调查与 ESP 课程设计研究[J]. 教育理论与实践，2019，39(15)：53-55.

[11] ZHU M，SARI A，LEE M M. A systematic review of research methods and topics of the

empirical MOOC literature (2014—2016)[J]. The Internet and Higher Education, 2018, 37: 31-39.

[12] 王锐, 王锦萱, 罗仙平. 学习评论视域下基于KANO模型的在线课程质量影响因素分析[J]. 黑龙江高教研究, 2021, 39(10): 155-160.

[13] 田园, 宫婷婷. 基于LDA模型的在线教学需求数据主题挖掘研究[J]. 情报科学, 2021, 361(9): 110-116.

[14] 李梦杰, 刘建国, 郭强, 等. 基于文本挖掘的互联网教育课程主题发现与聚类研究[J]. 上海理工大学学报, 2018, 184(3): 259-266.

[15] JIMÉNEZ, H G, CASANOVA, M A, NUNES, B P, et al. Course Observatory: Sentiment analysis of comments in course surveys [C] // Proceedings of 19th IEEE International Conference on Advanced Learning Technologies. 2019: 176-178.

[16] LIU Z, ZHANG W J, SUN J W, et al. Emotion and Associated Topic Detection for Course Comments in a MOOC Platform [C] // Proceedings of 5th International Conference on Educational Innovation through Technology. 2017: 15-19.

[17] 王璐, 赵呈领, 万力勇. 基于扎根理论的在线开放课程质量评价指标体系构建研究——以国家精品资源共享课为例[J]. 中国远程教育, 2017(11): 70-76.

[18] 张新香, 段燕红. 基于学习者在线评论文本的MOOC质量评判: 以"中国大学MOOC"网的在线评论文本为例[J]. 现代教育技术, 2020, 30(9): 56-63.

[19] 欧阳元新, 王乐天, 李想, 等. 教育领域反馈文本情感分析方法及应用研究[J]. 计算机教育, 2020(6): 80-84.

[20] 王洪鑫, 闫志明, 陈效玉, 等. 面向MOOC课程评论的主题挖掘与情感分析研究[J]. 开放学习研究, 2021, 26(4): 16-23.

[21] KASTRATI Z, IMRAN A S, KURTI A. Weakly supervised framework for aspect-based sentiment analysis on students' reviews of MOOCs [J]. IEEE Access, 2020, 8: 106799-106810.

[22] CHEN J, FENG J, SUN X, et al. Co-training semi-supervised deep learning for sentiment classification of MOOC forum posts[J]. Symmetry, 2020, 12(1): 8.

[23] 徐斌, 余军合, 沙鹤, 等. 基于产品评论数据的KANO模型分析方法研究[J]. 生产力研究, 2020(9): 10-1.

[24] 李贺, 曹阳, 沈旺, 等. 基于LDA主题识别与Kano模型分析的用户需求研究[J]. 情报科学, 2021, 39(8): 3-11, 36.

[25] 唐娜. 基于卡诺模型的数字参考咨询服务质量关键因素研究[J]. 图书情报工作, 2016, 60(18): 63-70.

[26] ZHAO F Y, XIAO Y W, FENG X, et al. Evaluation and Analysis of the Satisfaction Degree of the Intelligent Outpatient Clinic of Tianjin 3A Grade Hospitals Based on the KANO Model [J]. Advanced Journal of Nursing, 2021, 2(2): 35-41.

[27] 余森林, 程倩. 基于 Kano 模型的办公桌功能改进设计研究[J]. 包装工程, 2022, 43 (4): 95-102.

[28] 白倩, 张舒予, 沈书生. 基于 Kano 模型的 MOOC 学习支持服务需求分析[J]. 现代远距离教育, 2019(5): 43-50.

[29] 赵清华, 陈哲怡, 赵书涵, 等. 基于 IPA 和 KANO 模型的大学生付费在线教育的满意度研究[J]. 金融经济, 2019(6): 107-109.

[30] BAE J H, SHIN H Y. A Study on the Factor of Satisfaction or Dissatisfaction of e-Learning Using Kano Model and Timko's Customer Satisfaction coefficients[J]. Journal of the Korea Convergence Society, 2019, 10(7): 325-333.

[31] 李法勇, 真溱, 汤珊红. 迭代思维在知识服务产品化中的运用[J]. 情报理论与实践, 2014, 37(7): 11-13.

[32] 陆胜蓝. 跨境教育资源迭代创新模式研究及启示: 以澳大利亚职业院校为例[J]. 重庆高教研究, 2021, 9(3): 111-119.

[33] 于唤洲, 司晨曦, 王慧文. 基于模糊 KANO 模型的产品迭代和服务创新研究[J]. 科技管理研究, 2018, 38(9): 24-31.

[34] 李昂, 赵志杰. 在线评论有用性研究综述[J]. 商业经济研究, 2019(6): 77-80.

[35] 王克勤, 毋凤君. 面向产品设计改进的在线评论挖掘[J]. 计算机工程与应用, 2019, 55(19): 235-245, 252.

[36] 李海峰, 王炜. 翻转课堂课前与课中双向深度学习探究: 基于天平式耦合深度学习模型的三轮迭代实验[J]. 现代教育技术, 2020, 30(12): 55-61.

[37] 徐亚倩, 陈丽, 肖建军. 联通主义在线课程设计策略研究: 基于五轮 cMOOC 设计迭代[J]. 中国远程教育, 2022(6): 67-75.

[38] 田丽从, 李铁牛, 彭宏. 中小型企业软件过程改进方法研究[J]. 计算机应用与软件, 2011, 28(4): 208-211.

[39] 殷复鹏, 高琦, 纪雪. 成熟度驱动的开发过程耦合活动迭代模型[J]. 计算机集成制造系统, 2019, 25(2): 277-283.

[40] 李爽, 李梦蕾, 赵宏. 在线课程质量观和质量要素的质性研究: 基于专家、实践者和学习者的视角[J]. 中国远程教育, 2020(3): 42-50+81.

[41] MARTIN F, NDOYE A, WILKINS P. Using Learning Analytics to Enhance Student Learning in Online Courses Based on Quality Matters Standards[J]. Journal of Educational Technology

Systems, 2016, 45(2): 165-187.

[42] 陈永平. 高职在线课程与课程体验融合教学设计：运行状况、质量逻辑与提升途径[J]. 中国职业技术教育, 2020, (32): 11-18.

[43] 蒲秋钰. 在线课程资源学习满意度的影响因素及提升策略研究[D]. 上海：华中师范大学, 2022.

[44] WANG Y H, LEE C H, TRAPPEY A J C. Service design blueprint approach incorporating TRIZ and service QFD for a meal ordering system: A case study[J]. Computers & Industrial Engineering, 2017, 107(5): 388-340.

[45] 王琴, 刘毅. 基于网络评论情感分析和 QFD 的产品改进设计[J]. 包装工程, 2021, 42(24): 169-174.

[46] GENG X, LI Y, WANG D, et al. A scenario-driven sustainable product and service system design for elderly nursing based on QFD[J]. Advanced EngineeringInformatics, 2024, 60: 102368.

[47] Christiano, John J, Liker, Jeffrey K. Key Factors in the Successful Application of Quality Function Deployment (QFD)[J]. IEEE Transactions on Engineering Management, 2001, 48(1): 81-95.

[48] 张超, 王云飞, 默晗, 等. 基于 QFD 的远程医疗平台关键服务质量特性识别与改进研究[J]. 数学的实践与认识, 2020, 50(6): 109-119.

[49] 杨方燕, 高东. 基于多目标的旅游产品质量屋建模及应用[J]. 科研管理, 2017, 38(7): 145-152.

[50] 杨晓宏, 郝照, 周海军, 等. 基于质量功能展开(QFD)的高校在线开放课程教学质量认定标准研究：高校在线开放课程价值主体需要分析[J]. 中国电化教育, 2019(6): 108-113, 130.

[51] WANG Y, HOLLETT N L. Cognitive, affective, and global attitude toward physical activity with different intensities[J]. International Journal of Sport and Exercise Psychology, 2022, 22(2): 551-568.

[52] 皮瑞, 郑鹏. “网评少林”：少林寺旅游认知、情感、整体形象研究[J]. 干旱区资源与环境, 2017, 31(4): 201-207.

[53] 李勇, 陈晓婷, 刘沛林, 等. “认知-情感-整体”三维视角下的遗产旅游地形象感知研究——以湘江古镇群为例[J]. 人文地理, 2021, 36(5): 167-176.

[54] 王锐, 桂林, 肖杨财, 等. 基于 LDA 及 KANO 模型的在线课程学习者满意度影响因素分析[J]. 江西理工大学学报, 2023, 44(1): 77-86.

[55] 张文丽, 董一诺, 孙莉, 等. 基于学习者视角的外语在线课程质量评价指标研究[J]. 外

语与外语教学，2022，325(4)：111-121.
[56] 刘清堂，尹兴翰，吴林静，等.基于学习者评论数据挖掘的MOOC课程质量影响因素研究[J].远程教育杂志，2023，41(1)：80-90.
[57] LI L，JOHNSON J，AARHUS W，et al. Key factors in MOOC pedagogy based on NLP sentiment analysis of learner reviews：What makes a hit[J]. Computers & Education，2022，176：104354.
[58] 吴华君，何聚厚，陈其铁，等.面向职业教育在线精品课程评价的情感分析与主题挖掘[J].中国职业技术教育，2022(2)：55-63.
[59] 谭璐，李玉.北京开放大学网络课程质量标准的初步探索[J].北京广播电视大学学报，2013，78(4)：37.
[60] 吕红.澳大利亚职业教育课程质量保障的研究[D].重庆：西南大学，2009.
[61] BLEI D M，NG A Y，JORDAN M I. Latentdirichlet allocation [J]. Journal of Machine Learning Research，2003，(03)：993-1022.
[62] GREENE D，O'CALLAGHAN D，PÁDRAIG CUNNINGHAM. How Many Topics? Stability Analysis for Topic Models[J]. Springer，Berlin，Heidelberg，2014：498-513.
[63] 祖弦，谢飞，刘啸剑.融合词和文档嵌入的关键词抽取算法[J].计算机科学与探索，2021，15(2)：294-304.
[64] ZIRN C，STUCKENSCHMIDT H. Multidimensional topic analysis in political texts[J]. Data and Knowledge Engineering，2014，90(1)：38-53.
[65] SALTON G，YU C T. On the construction of effective vocabularies for information retrieval [J]. Acm Sigplan Notices，1975，10(1)：48-60.
[66] 汪忠国，吴敏，基于向量空间模型的题库相似度检查算法[J].计算机系统应用，2010，19(3)：213-216.
[67] 刘敏娜.基于向量空间模型的信息检索技术研究[J].现代电子技术，2012，35(11)：186-191.
[68] 黄承慧，印鉴，侯昉.一种结合词项语义信息和TF-IDF方法的文本相似度量方法[J].计算机学报，2011，34(5)：98-106.
[69] 余苗，杨瑞娟，程伟，等.基于TF-IDF分类算法的雷达情报分发技术[J].计算机工程与设计，2012，33(5)：1822-1826.
[70] SHAHIN A，AKASHEH S. Classifying customer requirements using Kano model and Kano map：the case of hospital servi-ces [J]. International Journal of Productivity and Quality Management，2017(4)：500-515.
[71] VIOLANTE M G，VEZZETTI E. Kano's qualitative vs quantitative approaches：An

assessment framework for products attributes analysis[J]. Computers in Industry, 2017(86): 15-25.

[72] AKAO Y. Quality Function Deployment: Intergrating Customer Requi-rements into Product Design[M]. Cambridge, MA: Productivity Press, 1990.

[73] HAUSER J R, CLAUSING D. The House of Quality-Harvard Business Review[J]. 1988, 56(6): 63-73.

[74] REYNOLDS T J. Gutman, Jonathan. Laddering theory, method, analysis, and interpretation [J]. Journal of advertising research, 1988, 28(1): 11-31.

[75] 董亚娟，马耀峰. MEC及其在旅游者行为研究中的应用[J]. 商场现代化，2006(34)，268-270.

[76] CLAEYS C, and, et al. Consumer's means-end chains for "think" and "feel" products [J]. International Journal of Research in Marketing, 1995, 12(3): 193-208.

[77] 宫丽娜. 文化遗产旅游的深层旅游动机研究[D]. 大连：东北财经大学，2012.

[78] ROKEACH M J. The nature of human values [M]. New York: The Free Press, 1973: 67-84.

[79] ROKEACH M. Beliefs, attitudes, and values: a theory of organization and change[J]. Revue Française De Sociologie, 1968, 11(3): 202-205.

[80] MAREE T. The importance of values research for nonprofit organisations: the motivation-based values of museum visitors [J]. International Journal of Nonprofit & Voluntary Sector Marketing, 2001, 6(2): 116-130.

[81] Olson J C, REYNOLDS T J. Understanding consumers' cognitive structures: Implications for marketing strategy[M]//PERCY L L, WOODSIDE A G. Advertising and Consumer Psychology. Lexington, Mass: Lexington Books, 1983: 77-90.

[82] GUTMAN J. A Means-End Chain Model Based on Consumer Categorization Processes [J]. Journal of Marketing, 1982, 46(2): 60-72.

[83] LI M, CAI L A. The Effects of Personal Values on Travel Motivation and Behavioral Intention [J]. Journal of Travel Research, 2012, 51(4): 473-487.

[84] GARTNER W C. Image Formation Process[J]. Journal of Travel & Tourism Marketing, 1994, 2(2-3): 191-216.

[85] Seyhmus, Baloglu, Ken W, et al. A model of destination image formation[J]. Annals of Tourism Research, 1999, 26(4): 868-897.

[86] CHIU W S, ZENG S H, CHENG P S. The influence of destination image and tourist satisfaction on tourist loyalty: a case study of Chinese tourists in Korea[J]. International

Journal of Culture, Tourism and Hospitality Research, 2016, 10(2): 223-234.

[87] LI H P, ZHANG F, ZHANG S W. Multi-feature hierarchical topic models for human behavior recognition[J]. Science China(Information Sciences), 2014, 57(9): 87-101.

[88] KIRK J, BAIKIE W B. Notes of a Journey from Bida, in Nupa, to Kano, in Hausa, Performed in 1862 by Dr. W. B. Baikie, R. N. Extracted from Portions of Dr. Baikie's Journals in Possession of the Foreign Office[J]. Proceedings of the Royal Geographical Society of London, 1866, 11(2): 49-50.

[89] 唐中君, 龙玉玲. 基于 Kano 模型的个性化需求获取方法研究[J]. 软科学, 2012, 26(2): 127-131.

[90] 赵志滨, 刘欢, 姚兰, 等. 中文产品评论的维度挖掘及情感分析技术研究[J]. 计算机科学与探索, 2018, 12(3): 341-349.

[91] PRASAD B. Review of QFD and related deployment techniques[J]. Journal of Manufacturing Systems, 1998, 17(3): 221-234.

[92] 教育部办公厅. 教育部办公厅关于开展 2018 年国家精品在线开放课程认定工作的通知[EB/OL]. [2024-07-19]. http://www.moe.gov.cn/srcsite/A08/s5664/s7209/s6872/201807/t20180725_343681.html.

[93] 徐鹏, 孙颖. 基于在线课程质量标准的教师在线教学能力模型构建及其提升路径[J]. 中国电化教育, 2022(6): 89-95.

[94] 杨晓宏, 周效章, 李运福, 等. 高校在线开放课程教学特性与价值主体需要的效用关系分析[J]. 中国远程教育, 2020(12): 77-87.

[95] XIAO C, QIU H, CHENG S. Challenges and opportunities for effective assessments within a quality assurance framework for MOOCs[J]. Journal of Hospitality, Leisure, Sport & Tourism Education, 2019.

[96] QI C, LIU S. Evaluating On-Line Courses Via Reviews Mining[J/OL]. IEEE Access, 2021, 9: 35439-35451.

[97] MARGARYAN A, BIANCO M, LITTLEJOHN A. Instructional quality of Massive Open Online Courses (MOOCs)[J]. Computers & Education, 2015, 80: 77-83.

[98] NANDA G, A. DOUGLAS K, R. WALLER D, et al. Analyzing Large Collections of Open-Ended FeedbackFrom MOOC Learners Using LDA Topic Modeling and Qualitative Analysis[J]. IEEE Transactions on Learning Technologies, 2021, 14(2): 146-160.

[99] LUO R, YE Z. What makes a good-quality language MOOC? An empirical study of criteria to evaluate the quality of online language courses from learners' perspectives[J]. ReCALL, 2021, 33(2): 177-192.

[100] Julia, Kasch, Peter, Van Rosmalen, Marco, Kalz. Educational scalability in MOOCs: Analysing instructional designs to find best practices[J]. Computers & Education, 2021, 161: 104054.

[101] GREGORI E B, ZHANG J, GALVÁN-FERNÁNDEZ C, et al. Learner support in MOOCs: Identifying variables linked to completion[J]. Computers & Education, 2018, 122: 153-168.

[102] FU H J, XIAO Y C, MENSAH I K, et al. Exploring the configurations of learner satisfaction with MOOCs designed for computer science courses based on integrated LDA-QCA method[J]. Education and Information Technologies, 2023, 29(8): 9883-9905.

[103] LI H, GU H, CHEN W, et al. Improving Massive Open Online Course Quality in Higher Education by Addressing Student Needs Using Quality Function Deployment[J]. Sustainability, 2023, 15(22): 15678.

[104] WAHEED M, KAUR K, KUMAR S. What role does knowledge quality play in online students' satisfaction, learning and loyalty? An empirical investigation in an eLearning context[J]. Journal of Computer Assisted Learning, 2016, 32(6): 561-575.

[105] XING W. Exploring the influences of MOOC design features on student performance and persistence[J]. Distance Education, 2019, 40(1): 98-113.

[106] 王锐，肖杨财，黄艳蓉. 学习者关注度：重要度双视角下的在线课程质量要素分析[J]. 黑龙江高教研究，2023，41(2)：141-148.

[107] 廖正山，李曼丽. 在线课程作业设计策略：基于八门在线课程样本的分析证据[J]. 开放教育研究，2022，28(5)：79-92.

[108] RAISSI N. Using QFD method for assessing higher education programs: an examination of key stakeholders' visions[J]. International Journal of Management in Education, 2018, 12(1): 70.

[109] Su P Y, Guo J H, Shao Q G. Construction of the Quality Evaluation Index System of MOOC Platforms Based on the User Perspective[J]. Sustainability, 2021, 13(20): 11163.

[110] 陈晨，林昱希，王志轩，等. 基于 KJ、FAHP 和 QFD 模型的核酸采集服务机器人设计[J/OL]. 机械设计，2022，39(S1)：191-198.

[111] XU X, XIE J, WANG H, et al. Online education satisfaction assessment based on cloud model and fuzzy TOPSIS[J]. Applied Intelligence, 2022, 52(12): 13659-13674.

[112] 程云，王艳丽，唐文璐，等. 基于云模型的教师教学行为掌控能力分析方法[J]. 现代教育技术，2020，30(12)：85-91.

[113] 刘常昱，冯芒，戴晓军，等. 基于云 X 信息的逆向云新算法[J]. 系统仿真学报，

2004(11): 2417-2420.

[114] 刘咏梅, 李梦宇, 谢阳群. MEC理论视角下老年用户在线医疗健康信息服务使用价值研究[J]. 图书情报工作, 2020, 64(19): 71-79.

[115] Salton G, Yu C T. On the construction of effective vocabularies for information retrieval [J]. Acm Sigplan Notices, 1973, 10(1): 48-60.

[116] 刘苗, 李蔚, 朱述政, 等. 基于互联网文本情感分析的消费情感指数构建[J]. 统计与信息论坛, 2018, 33(8): 31-38.

[117] 杨春晓, 张鹤馨, 黄家雯, 等. 卷烟在线评论的文本情感分析[J]. 中国烟草学报, 2020, 26(2): 92-100.

[118] 王义保, 王天宇, 刘卓, 等. 疫情期间大学生在线教学接受度调查研究——以江苏某大学为例[J]. 现代教育管理, 2021, 374(5): 100-106.

[119] 张静, 王欢. 基于ISM的在线教育平台学习者持续学习行为的影响因素研究[J]. 中国电化教育, 2018, 381(10): 123-130.

[120] 张宝建, 张晓空, 裴博, 等. 感知价值、认知过程和行为意向: MOOC学习行为的构型分析[J]. 中国远程教育, 2019, 536(9): 72-82, 93.

[121] GENGLER C E, REYNOLDS T J. Consumer understanding and advertising strategy: analysis and strategic translation of laddering data[J]. Journal of advertising research, 1995, 35(4): 19-34.

[122] RYAN R M, DECI E L. Self-determination theory and the facilitation of intrinsic motivation, social development, and well-being[J]. American psychologist, 2000, 55(1): 68-78.

[123] OLIVER R L. A cognitive model of the antecedents and consequences of satisfaction decisions[J]. Journal of marketing research, 1980, 17(4): 460-469.

[124] 楚东晓, 王雯露, 穆勤远. 基于LDA和语义网络的产品感知价值维度研究[J]. 包装工程, 2023, 44(S1): 47-55.

[125] 肖婉, 卢锋, 季一木. 什么样的在线课程受学习者欢迎: 基于15门在线课程评论的文本挖掘与组态分析[J]. 电化教育研究, 2023, 44(5): 60-66.

[126] 沈棋琦, 张雪, 赵杨. 基于评论主题挖掘的移动图书馆App用户情感体验评价体系构建[J]. 图书馆学研究, 2023(4): 41-51.

[127] 石映辉, 蒲秋钰, 曲卓, 等. 在线课程资源学习满意度的现状、影响因素及其提升策略[J]. 现代教育技术, 2023, 33(3): 91-99.

[128] 鄢慧丽, 张小浩, 熊浩. 评分不一致对在线评论有用性的影响——一项混合方法研究[J]. 软科学, 2022, 36(6): 130-137.

# 附　录

## 附录一　在线课程清单

### (一)第3、4、5章自然科学类与人文社科类课程清单

表1　自然科学类课程

| 序号 | 课程 | 课程负责人 | 主要建设单位 |
|---|---|---|---|
| 1 | 数学物理方法 | 吴崇试 | 北京大学 |
| 2 | 力学 | 刘树新 | 北京大学 |
| 3 | 量子力学 | 吕燕伍 | 北京交通大学 |
| 4 | 无机与分析化学(Ⅰ、Ⅱ) | 戴春爱 | 北京交通大学 |
| 5 | 线性代数 | 李红裔 | 北京航空航天大学 |
| 6 | 大学化学 | 贺欢 | 北京理工大学 |
| 7 | 线性代数 | 刘白羽 | 北京科技大学 |
| 8 | 高分子化学 | 程珏 | 北京化工大学 |
| 9 | 中级有机化学 | 许家喜 | 北京化工大学 |
| 10 | 大学化学实验 | 张丽丹 | 北京化工大学 |
| 11 | 有机化学(上、下) | 邢国文 | 北京师范大学 |
| 12 | 分子生物学实验 | 尹燕霞 | 北京师范大学 |

**续表 1**

| 序号 | 课程 | 课程负责人 | 主要建设单位 |
|---|---|---|---|
| 13 | 有机化学(上、下) | 赵温涛 | 天津大学 |
| 14 | 无机化学实验(上、下) | 高洪苓 | 天津大学 |
| 15 | 数值分析 | 于波 | 大连理工大学 |
| 16 | 复变函数与积分变换 | 张国伟 | 东北大学 |
| 17 | 概率论与数理统计 | 孙艳蕊 | 东北大学 |
| 18 | 无机化学原理 | 张丽荣 | 吉林大学 |
| 19 | 普通化学 | 陈云 | 同济大学 |
| 20 | 生物技术概论 | 周选围 | 上海交通大学 |
| 21 | 概率论 | 许忠好 | 华东师范大学 |
| 22 | 数学分析 | 梅加强 | 南京大学 |
| 23 | 细胞生物学实验 | 薛雅蓉 | 南京大学 |
| 24 | 大学物理 | 徐宁 | 盐城工学院 |
| 25 | 有机化学 | 芦金荣 | 中国药科大学 |
| 26 | 线性代数 | 杨芝艳 | 南京工程学院 |
| 27 | 线性代数 | 黄正达 | 浙江大学 |
| 28 | 离散数学 | 金贤安 | 厦门大学 |
| 29 | 属性数据分析 | 冯峥晖 | 厦门大学 |
| 30 | 线性代数 | 谢小贤 | 华侨大学 |
| 31 | 固体物理学 | 陈水源 | 福建师范大学 |
| 32 | 数学分析(一) | 李克典 | 闽南师范大学 |
| 33 | 线性代数 | 董秋仙 | 南昌大学 |
| 34 | 概率论与数理统计 | 徐雅静 | 郑州轻工业大学 |
| 35 | 数学建模方法与竞赛 | 任金城 | 河南财经政法大学 |
| 36 | 大学生物学 | 朱玉贤 | 武汉大学 |
| 37 | 线性代数 | 黄正华 | 武汉大学 |
| 38 | 大学物理(力学、电磁学) | 韩艳玲 | 中国地质大学(武汉) |
| 39 | 大学物理 | 李旭光 | 中南大学 |

**续表 1**

| 序号 | 课程 | 课程负责人 | 主要建设单位 |
|---|---|---|---|
| 40 | 无机化学 | 张寿春 | 中南大学 |
| 41 | 线性代数 | 陈丽 | 四川大学 |
| 42 | 放射化学 | 夏传琴 | 四川大学 |
| 43 | 微积分 | 牛健人 | 四川大学 |
| 44 | 化学工程原理 | 曾英 | 成都理工大学 |
| 45 | 基础生物化学 | 韩召奋 | 西北农林科技大学 |
| 46 | 物理化学 | 杨亚提 | 西北农林科技大学 |
| 47 | 进化生物学 | 陶士珩 | 西北农林科技大学 |
| 48 | 线性代数 | 屈龙江 | 国防科技大学 |
| 49 | 地球与人类文明 | 陈斌 | 北京大学 |
| 50 | 材料力学 | 梁小燕 | 北京交通大学 |
| 51 | 计算方法 | 张宏伟 | 大连理工大学 |
| 52 | 工程力学 | 夏冬生 | 大连海事大学 |
| 53 | 基础力学实验 | 赵红晓 | 同济大学 |
| 54 | 理论力学 | 刘铸永 | 上海交通大学 |
| 55 | 力学导论 | 赵沛 | 浙江大学 |
| 56 | 水力学 | 槐文信 | 武汉大学 |
| 57 | 结构力学 | 龙晓鸿 | 华中科技大学 |
| 58 | 结构力学 | 汪梦甫 | 湖南大学 |
| 59 | 理论力学 | 吴莹 | 西安交通大学 |
| 60 | 流体力学 | 张荻 | 西安交通大学 |
| 61 | 计算机控制技术 | 王爽心 | 北京交通大学 |
| 62 | 计算机网络与通信技术 | 刘彪 | 北京交通大学 |
| 63 | 计算机网络与通信技术 | 刘彪 | 北京交通大学 |
| 64 | Python 语言程序设计 | 鲁凌云 | 北京交通大学 |
| 65 | 大数据基础与应用 | 计卫星 | 北京理工大学 |
| 66 | 数字电子技术 | 尤佳 | 北京科技大学 |

**续表 1**

| 序号 | 课程 | 课程负责人 | 主要建设单位 |
|---|---|---|---|
| 67 | 数据库原理与应用 | 陈志泊 | 北京林业大学 |
| 68 | Python 编程基础 | 王恺 | 南开大学 |
| 69 | 计算机组成原理 | 姜琳颖 | 东北大学 |
| 70 | 大数据技术及应用 | 李雁翎 | 东北师范大学 |
| 71 | 信号与系统 | 俞洋 | 哈尔滨工业大学 |
| 72 | 算法设计与分析 | 王宏志 | 哈尔滨工业大学 |
| 73 | 随机信号分析 | 生雪莉 | 哈尔滨工程大学 |
| 74 | 数字信号处理 | 陈立伟 | 哈尔滨工程大学 |
| 75 | 深度学习及其运用 | 赵卫东 | 复旦大学 |
| 76 | 电力系统自动化 | 刘东 | 上海交通大学 |
| 77 | 计算机组成与系统结构 | 邓倩妮 | 上海交通大学 |
| 78 | 计算机病毒与恶意代码 | 刘功申 | 上海交通大学 |
| 79 | 信息安全数学基础 | 陈恭亮 | 上海交通大学 |
| 80 | “Java 核心技术”系列课程 | 陈良育 | 华东师范大学 |
| 81 | 面向对象分析与设计 | 姜宁康 | 华东师范大学 |
| 82 | 数字信号处理 | 王艳芬 | 中国矿业大学 |
| 83 | 数字逻辑与数字系统设计 | 袁小平 | 中国矿业大学 |
| 84 | 数据结构 | 王海艳 | 南京邮电大学 |
| 85 | 机器学习与人工智能 | 张朋 | 浙江大学 |
| 86 | C 语言程序设计 | 周纯杰 | 华中科技大学 |
| 87 | 计算机图形学 | 万琳 | 华中科技大学 |
| 88 | 通信原理 | 王虹 | 武汉理工大学 |
| 89 | 计算机应用基础 | 金大卫 | 中南财经政法大学 |
| 90 | 大学计算机基础 | 姚怡 | 广西大学 |
| 91 | 计算机操作系统 | 蒲晓蓉 | 电子科技大学 |
| 92 | Linux 操作系统编程 | 肖堃 | 电子科技大学 |
| 93 | 物联网技术概论 | 桂小林 | 西安交通大学 |

**续表 1**

| 序号 | 课程 | 课程负责人 | 主要建设单位 |
| --- | --- | --- | --- |
| 94 | Web 编程技术 | 谢涛 | 西安交通大学 |
| 95 | 计算机科学基础 | 詹涛 | 西北工业大学 |
| 96 | 人工智能导论 | 刘若辰 | 西安电子科技大学 |
| 97 | 数字电子技术基础 | 杨聪锟 | 西安工业大学 |
| 98 | 数据库原理与应用 | 宋金玉 | 陆军工程大学 |
| 99 | 动物生物化学 | 张源淑 | 南京农业大学 |
| 100 | 农业植物病理学 | 罗朝喜 | 华中农业大学 |
| 101 | 普通植物病理学 | 姜道宏 | 华中农业大学 |
| 102 | 生理学(上、下) | 王世强 | 北京大学 |
| 103 | 医学统计学 | 陈峰 | 南京医科大学 |
| 104 | 生理学 | 席姣娅 | 华中科技大学 |
| 105 | Python 语言程序设计 | 嵩天 | 北京理工大学 |
| 106 | 程序设计入门——C 语言 | 翁恺 | 浙江大学 |
| 107 | c#程序设计 | 唐大仕 | 北京大学 |
| 108 | Java 程序设计 | 唐大仕 | 北京大学 |
| 109 | Python 数据分析与展示 | 嵩天 | 北京理工大学 |
| 110 | Python 网络爬虫与信息提取 | 嵩天 | 北京理工大学 |
| 111 | 程序设计与算法(三)C++面向对象程序设计 | 郭炜 | 北京大学 |
| 112 | 程序设计与算法(二)算法基础 | 郭炜 | 北京大学 |
| 113 | 程序设计与算法(一)C 语言程序设计 | 郭炜 | 北京大学 |
| 114 | C++程序设计 | 魏英 | 西北工业大学 |
| 115 | C 语言程序设计进阶 | 翁恺 | 浙江大学 |
| 116 | 零基础学 Java 语言 | 翁恺 | 浙江大学 |
| 117 | C 语言程序设计(上) | 李凤霞 | 北京理工大学 |
| 118 | C 程序设计 | 姜学锋 | 西北工业大学 |
| 119 | 计算机程序设计(C++) | 赵英良 | 西安交通大学 |

**续表 1**

| 序号 | 课程 | 课程负责人 | 主要建设单位 |
|---|---|---|---|
| 120 | 高级语言程序设计 | 张长海 | 吉林大学 |
| 121 | C 语言程序设计精髓 | 苏小红 | 哈尔滨工业大学 |
| 122 | Web 前端开发 | 孙俏 | 北京林业大学 |
| 123 | 用 Python 玩转数据 | 张莉 | 南京大学 |
| 124 | C 程序设计基础 | 黄洪艺 | 厦门大学 |
| 125 | C++语言程序设计(上) | 阚道宏 | 中国农业大学 |
| 126 | C 语言程序设计 | 朱鸣华 | 大连理工大学 |
| 127 | 基于 Java 的面向对象编程范式 | 刘钦 | 南京大学 |
| 128 | C++语言程序设计(下)——从 C 到 C++ | 阚道宏 | 中国农业大学 |
| 129 | C 君带你玩编程 | 方娇莉 | 昆明理工大学 |
| 130 | 高级语言程序设计(Python) | 车万翔 | 哈尔滨工业大学 |
| 131 | C 语言程序设计——快速入门与提高 | 吕春利 | 中国农业大学 |
| 132 | C#程序设计 | 刘君瑞 | 西北工业大学 |
| 133 | 程序设计基础(C&C++) | 戴波 | 电子科技大学 |
| 134 | 嵌入式软件设计 | 赖晓晨 | 大连理工大学 |
| 135 | 高级语言程序设计 | 高克宁 | 东北大学 |
| 136 | C 语言程序设计(下) | 李凤霞 | 北京理工大学 |
| 137 | 程序设计基础 | 苏小红 | 哈尔滨工业大学 |
| 138 | 汇编语言程序设计 | 邢建川 | 电子科技大学 |
| 139 | 算法设计与分析 | 董咏昕 | 北京航空航天大学 |
| 140 | Python 科学计算三维可视化 | 黄天羽 | 北京理工大学 |
| 141 | C 编程方法学 | 李民 | 武汉理工大学 |
| 142 | App Inventor-零基础 Android 移动应用开发 | 吴明晖 | 浙大城市学院 |
| 143 | VisualBasic. NET 程序设计入门 | 龚沛曾 | 同济大学 |
| 144 | VisualBasic6. 0 程序设计 | 龚沛曾 | 同济大学 |

续表 1

| 序号 | 课程 | 课程负责人 | 主要建设单位 |
|---|---|---|---|
| 145 | VisualBasic. NET 程序设计进阶 | 龚沛曾 | 同济大学 |
| 146 | android 智能手机编程 | 王立 | 国家开放大学 |
| 147 | 计算概论与程序设计基础 | 李戈 | 北京大学 |

**表 2　人文社科类课程**

| 序号 | 课程 | 课程负责人 | 主要建设单位 |
|---|---|---|---|
| 1 | 逻辑导论 | 陈波 | 北京大学 |
| 2 | 中华优秀传统文化 | 唐明燕 | 复旦大学 |
| 3 | 《春秋》导读 | 郭晓东 | 复旦大学 |
| 4 | 哲学导论 | 叶立国 | 中国石油大学(华东) |
| 5 | 宏观经济学 | 唐遥 | 北京大学 |
| 6 | 商务与经济统计 | 赵楠 | 北京师范大学 |
| 7 | 行为金融学 | 黄瑜琴 | 中央财经大学 |
| 8 | 金融风险管理 | 苟琴 | 中央财经大学 |
| 9 | 房地产金融与投资 | 陈俊华 | 中央财经大学 |
| 10 | 投资学 | 肖欣荣 | 对外经济贸易大学 |
| 11 | 计量经济学导论 | 陈志鸿 | 对外经济贸易大学 |
| 12 | 国民经济统计学 | 杨仲山 | 东北财经大学 |
| 13 | 货币经济学 | 田素华 | 复旦大学 |
| 14 | 微观经济学 | 叶林祥 | 南京财经大学 |
| 15 | 多元统计分析 | 刘婧媛 | 厦门大学 |
| 16 | 计量经济学 | 万建香 | 江西财经大学 |
| 17 | 微观经济学 | 王小平 | 江西财经大学 |
| 18 | 微观经济学 | 吴开超 | 西南财经大学 |
| 19 | 宏观经济学 | 曾志远 | 西南财经大学 |
| 20 | 国际贸易实务 | 谢凤燕 | 西南财经大学 |
| 21 | 税收筹划 | 刘蓉 | 西南财经大学 |

**续表 2**

| 序号 | 课程 | 课程负责人 | 主要建设单位 |
|---|---|---|---|
| 22 | 法理学 | 雷磊 | 中国政法大学 |
| 23 | 财税法 | 黎江虹 | 中南财经政法大学 |
| 24 | 毛泽东思想和中国特色社会主义理论体系概论 | 杨静娴 | 郑州大学 |
| 25 | 毛泽东思想和中国特色社会主义理论体系概论 | 许传红 | 武汉理工大学 |
| 26 | 法说《西游记》 | 蒋海松 | 湖南大学 |
| 27 | 运动生物力学 | 李翰君 | 北京体育大学 |
| 28 | 教育心理学 | 牟书 | 北京联合大学 |
| 29 | 心理学入门 | 陈红兵 | 东北大学 |
| 30 | 运动生物力学 | 顾耀东 | 宁波大学 |
| 31 | 中学物理教学设计 | 张军朋 | 华南师范大学 |
| 32 | 神话与神话研究 | 王娟 | 北京大学 |
| 33 | 《孟子》精读 | 吴国武 | 北京大学 |
| 34 | 中学英语教学设计 | 王蔷 | 北京师范大学 |
| 35 | 24 式太极拳 | 宗维洁 | 北京体育大学 |
| 36 | 外语教师专业能力发展 | 高惠蓉 | 华东师范大学 |
| 37 | 语文阅读教学设计 | 张心科 | 华东师范大学 |
| 38 | 核心素养导向的课堂教学 | 余文森 | 福建师范大学 |
| 39 | 体操(健美操、啦啦操) | 方熙嫦 | 福建师范大学 |
| 40 | 中国现当代散文研究 | 袁勇麟 | 福建师范大学 |
| 41 | 语文教学设计基础 | 靳彤 | 四川师范大学 |
| 42 | 教育哲学 | 郝文武 | 陕西师范大学 |
| 43 | 中国当代文学 | 陈晓明 | 北京大学 |
| 44 | 汉语修辞学 | 陈汝东 | 北京大学 |
| 45 | 汉字与中国传统文化 | 孟琢 | 北京师范大学 |
| 46 | 中国现代女性文学研究 | 张莉 | 北京师范大学 |
| 47 | 西班牙文学选读 | 蔡潇洁 | 首都师范大学 |

**续表 2**

| 序号 | 课程 | 课程负责人 | 主要建设单位 |
| --- | --- | --- | --- |
| 48 | 广告学概论：观念与思路 | 康瑾 | 中国传媒大学 |
| 49 | 中级日语听说 | 韩兰灵 | 大连理工大学 |
| 50 | 中国文学名家名作选讲(双语) | 王玉春 | 大连理工大学 |
| 51 | 通用英语(二) | 王勃然 | 东北大学 |
| 52 | 综合日语实践 | 房颖 | 吉林大学 |
| 53 | 中国文化日本之旅 | 周异夫 | 吉林大学 |
| 54 | 中级日语阅读 | 王丽莉 | 长春师范大学 |
| 55 | 中国现代文学名著选讲 | 段怀清 | 复旦大学 |
| 56 | 中国当代小说选读 | 金理 | 复旦大学 |
| 57 | 文学概论 | 朱国华 | 华东师范大学 |
| 58 | 大学语文 | 彭国忠 | 华东师范大学 |
| 59 | 基础日语语法 | 曾婧 | 上海外国语大学 |
| 60 | 英语短篇小说 | 梅丽 | 上海外国语大学 |
| 61 | 风从东方来：今日中国概况 | 骆蓉 | 杭州师范大学 |
| 62 | 君子的风范——《论语》的人生理想 | 王正 | 台州学院 |
| 63 | 鲁迅十五讲 | 彭小燕 | 温州大学 |
| 64 | 俄罗斯文化之旅 | 徐琪 | 厦门大学 |
| 65 | 古代汉语 I | 林志强 | 福建师范大学 |
| 66 | 英语国家概况 | 刘政 | 江西师范大学 |
| 67 | 领读经典——古代文学 | 李剑锋 | 山东大学 |
| 68 | 综合日语入门 | 王慧荣 | 山东大学 |
| 69 | 中西文化鉴赏 | 曾利娟 | 郑州大学 |
| 70 | 人文社科经典导引 | 李建中 | 武汉大学 |
| 71 | 国际交流英文演讲与辩论 | 邓媛 | 湖南大学 |
| 72 | 生活中的语言与语言学 | 余小强 | 湖南大学 |
| 73 | 综合英语 | 李瑶 | 中南大学 |
| 74 | 新闻英语 | 李丽君 | 中南大学 |

**续表 2**

| 序号 | 课程 | 课程负责人 | 主要建设单位 |
|---|---|---|---|
| 75 | 译言中国 | 王贵华 | 西华师范大学 |
| 76 | 藏族文化概览 | 张屹 | 西藏民族大学 |
| 77 | 中国文化与文学精粹 | 刘彦彦 | 西安交通大学 |
| 78 | 通用学术英语(技能篇) | 钱希 | 西安交通大学 |
| 79 | 中国古代文学 | 杨晓斌 | 陕西师范大学 |
| 80 | 国学导论 | 曹胜高 | 陕西师范大学 |
| 81 | 俄国通史三十讲 | 张建华 | 北京师范大学 |
| 82 | 儒家经典文献导读 | 李凯 | 北京师范大学 |
| 83 | 中国古代史通论 | 郝春文 | 首都师范大学 |
| 84 | 《资治通鉴》导读 | 姜鹏 | 复旦大学 |
| 85 | 《三国志》导读 | 戴燕 | 复旦大学 |
| 86 | 从 china 到 China：中国陶瓷文化三十讲 | 陈宁 | 景德镇陶瓷大学 |
| 87 | 审计学 | 李晓慧 | 中央财经大学 |
| 88 | 管理会计 | 刘俊勇 | 中央财经大学 |
| 89 | 国际市场营销 | 崔新健 | 中央财经大学 |
| 90 | 审计学 | 祁渊 | 东北财经大学 |
| 91 | 审计学 | 阚京华 | 南京财经大学 |
| 92 | 会计学 | 董必荣 | 南京审计大学 |
| 93 | 基础会计学 | 程子健 | 山东大学 |
| 94 | 高级财务会计 | 谭小平 | 暨南大学 |
| 95 | 政府会计实务 | 周克清 | 西南财经大学 |
| 96 | 社会保障学 | 刘钧 | 中央财经大学 |
| 97 | 公文写作规范 | 付传 | 黑龙江大学 |
| 98 | 中国文化视域下的组织与人力资源 | 颜爱民 | 中南大学 |
| 99 | 中国古代音乐史 | 陈荃有 | 中央音乐学院 |
| 100 | “声琴并茂”——你真的会弹钢琴伴奏吗？ | 郑园梦 | 中国音乐学院 |
| 101 | 大学日语 | 张文丽、曹红荃 | 西安交通大学 |

**续表 2**

| 序号 | 课程 | 课程负责人 | 主要建设单位 |
|---|---|---|---|
| 102 | 大学日语提高篇 | 张文丽、曹红荃 | 西安交通大学 |
| 103 | 大学英文写作 | 李慧辉 | 国防科技大学 |
| 104 | 大学英语 | 张喆 | 河南科技大学 |
| 105 | 大学英语词语解析 | 刘泽华 | 华中科技大学 |
| 106 | 大学英语过程写作 | 林娟 | 吉林大学 |
| 107 | 会计学原理 | 罗炜 | 北京大学 |
| 108 | 企业资源计划 | 张真继 | 北京交通大学 |
| 109 | 通用学术英语 | 王娜、张敬源 | 北京科技大学 |
| 110 | 发展与就业 | 黄国华 | 北京林业大学 |
| 111 | 中国哲学 | 章伟文 | 北京师范大学 |
| 112 | 国际贸易学 | 赵春明 | 北京师范大学 |
| 113 | 教学论 | 王本陆 | 北京师范大学 |
| 114 | 公关与沟通：“互联网+”社交机制与艺术 | 单凤儒 | 渤海大学 |
| 115 | 货币银行学 | 范立夫 | 东北财经大学 |
| 116 | 基础会计 | 陈文铭、张娆 | 东北财经大学 |
| 117 | 资产评估 | 王景升 | 东北财经大学 |
| 118 | 电子商务概论 | 杨兴凯 | 东北财经大学 |
| 119 | 汉字与中华传统文化 | 李索 | 大连大学 |
| 120 | 国际法 | 何志鹏 | 吉林大学 |
| 121 | 电商创业 | 胡剑锋 | 浙江理工大学 |
| 122 | 校本课程开发 | 孙芙蓉 | 温州大学 |
| 123 | 宏观经济学原理 | 赵英军 | 浙江工商大学 |
| 124 | 投资与理财 | 周春喜 | 浙江工商大学 |
| 125 | 会计学 | 罗金明 | 浙江工商大学 |
| 126 | 质量管理学 | 宋明顺 | 中国计量大学 |
| 127 | 统计学 | 李金昌 | 浙江财经大学 |
| 128 | ERP 模拟演练 | 叶舟 | 浙江财经大学 |

续表 2

| 序号 | 课程 | 课程负责人 | 主要建设单位 |
|---|---|---|---|
| 129 | 世界现代史 | 李昌新 | 江西师范大学 |
| 130 | 影视鉴赏 | 罗书俊 | 江西财经大学 |
| 131 | 互联网+创新应用 | 谭玲玲 | 山东工商学院 |
| 132 | 信息技术及教育应用 | 徐春华 | 郑州大学 |
| 133 | 品读古代文学经典 | 蔡爱芳 | 中原工学院 |
| 134 | 宏观经济学 | 文建东 | 武汉大学 |
| 135 | 组织与人力资源管理 | 张广科 | 中南财经政法大学 |
| 136 | 金融学 | 张强 | 湖南大学 |
| 137 | 知识产权法 | 何炼红 | 中南大学 |

**表 3　人文社科类非国家一流课程**

| 序号 | 课程 | 课程负责人 | 主要建设单位 |
|---|---|---|---|
| 1 | 行为金融学 | 李刚 | 上海师范大学 |
| 2 | 市场调查与研究 | 雷晶 | 南京邮电大学 |
| 3 | 走进 SPSS | 薛伟 | 山东工商学院 |
| 4 | 品牌管理 | 郑佳 | 杭州电子科技大学 |
| 5 | 金融与投资分析 | 李堃 | 北京师范大学 |
| 6 | 国际贸易实务 | 熊智伟 | 江西财经大学 |
| 7 | 质量管理 | 李宗敏 | 四川大学 |
| 8 | 商务英语 | 陈娴 | 北京交通大学 |
| 9 | 英美文学入门 | 吴其尧 | 上海外国语大学 |
| 10 | 口译基础 | 肖晓燕 | 厦门大学 |
| 11 | 学术英语写作 | 万伟珊 | 北京工业大学 |
| 12 | 宋词古乐谱赏析 | 伍三土 | 温州大学 |
| 13 | 心理学 | 刘学兰 | 华南师范大学 |
| 14 | 思想道德与法治 | 冯培 | 首都经济贸易大学 |
| 15 | 宪法学 | 梁洪霞 | 西南政法大学 |

续表 3

| 序号 | 课程 | 课程负责人 | 主要建设单位 |
|---|---|---|---|
| 16 | 劳动与社会保障法 | 唐丽娜 | 西北大学 |
| 17 | 传播学概论 | 吴畅畅 | 华东师范大学 |
| 18 | 民法学 | 刘晓纯 | 天津大学 |
| 19 | 中国近现代史纲要 | 马金玲 | 西安交通大学 |
| 20 | 谈判学 | 陈锴 | 厦门大学 |
| 21 | 工程伦理与社会 | 衡孝庆 | 温州大学 |
| 22 | 语言学概论 | 彭泽润 | 湖南师范大学 |
| 23 | 商法学 | 朱义坤 | 暨南大学 |
| 24 | 史学概论 | 郝虹 | 大连大学 |
| 25 | 传统文化与人生修养 | 周毅 | 四川大学 |
| 26 | 世界文化史 | 高福进 | 上海交通大学 |
| 27 | 中国政治思想史 | 余艳红 | 对外经济贸易大学 |
| 28 | 教育政策学 | 祁占勇 | 陕西师范大学 |
| 29 | 体育科学研究方法 | 李艳翎 | 湖南师范大学 |
| 30 | 信息技术教育 | 乔爱玲 | 首都师范大学 |
| 31 | 运动生理学 | 王松涛 | 华南师范大学 |
| 32 | 生命教育 | 刘慧 | 首都师范大学 |
| 33 | 学前教育学 | 杨晓萍 | 西南大学 |
| 34 | 生产管理学 | 郭强 | 西南交通大学 |
| 35 | 证券投资学 | 陈红 | 中南财经政法大学 |
| 36 | 审计实务与案例 | 李晓慧 | 中央财经大学 |
| 37 | 微观经济学 | 杨伟勇 | 对外经济贸易大学 |
| 38 | 国际商务 | 林学军 | 暨南大学 |
| 39 | 保险学概论 | 许飞琼 | 中央财经大学 |
| 40 | 统计学 | 陈宜治 | 浙江工商大学 |
| 41 | 运筹学 | 夏伟怀 | 中南大学 |
| 42 | 会计学 | 刘亚莉 | 北京科技大学 |

**表 4　自然科学类非国家一流课程**

| 序号 | 课程 | 课程负责人 | 主要建设单位 |
|---|---|---|---|
| 1 | Visual Basic 程序设计 | 刘必雄 | 福建农林大学 |
| 2 | 程序猿与攻城狮 | 刘钦 | 南京大学 |
| 3 | Python 语言基础与应用 | 陈斌 | 北京大学 |
| 4 | 面向对象程序设计——Java 语言 | 翁恺 | 浙江大学 |
| 5 | C 语言程序设计 | 王春梅 | 西安邮电大学 |
| 6 | 零基础学 C 语言 | 戴光明 | 中国地质大学(武汉) |
| 7 | C 语言程序设计 | 曾智勇 | 福建师范大学 |
| 8 | C/C++程序设计 | 高枚 | 同济大学 |
| 9 | VB. NET 程序设计 | 张晓芳 | 华中科技大学 |
| 10 | 计算机编码与密码学 | 周敏 | 西北工业大学 |
| 11 | 大学计算机——Python 算法实践 | 李金双 | 东北大学 |
| 12 | 软硬件综合设计 | 薄钧戈 | 西安交通大学 |
| 13 | 计算机程序设计基础 | 刘卫国 | 中南大学 |
| 14 | C 语言程序设计 | 张玉春 | 吉林大学 |
| 15 | Java 语言程序设计 | 阚道宏 | 中国农业大学 |
| 16 | C#程序设计 | 崔舒宁 | 西安交通大学 |
| 17 | C 语言程序设计 | 张亚玲 | 西安理工大学 |
| 18 | 高级语言程序设计(Python)CAP | 车万翔 | 哈尔滨工业大学 |
| 19 | 零基础学 Python 语言 CAP | 嵩天 | 北京理工大学 |
| 20 | Python 云端系统开发入门 | 嵩天 | 北京理工大学 |
| 21 | Python 游戏开发入门 | 嵩天 | 北京理工大学 |
| 22 | Python 机器学习应用 | 礼欣 | 北京理工大学 |
| 23 | 面向对象程序设计(C++) | 董晓梅 | 东北大学 |
| 24 | Python 语言程序设计 | 王小银 | 西安邮电大学 |
| 25 | 游戏开发程序设计基础 | 韩红雷 | 中国传媒大学 |
| 26 | 计算机算法与程序设计(python) | 戴波 | 电子科技大学 |
| 27 | 嵌入式系统设计 | 郭建 | 华东师范大学 |

续表 4

| 序号 | 课程 | 课程负责人 | 主要建设单位 |
|---|---|---|---|
| 28 | 程序设计基础 | 李丹程 | 东北大学 |
| 29 | 程序设计综合实验 | 刘瑞芳 | 北京邮电大学 |
| 30 | C++程序设计(面向对象进阶) | 崔毅东 | 北京邮电大学 |
| 31 | C++语言程序设计 | 姚雅鹃 | 华中农业大学 |
| 32 | C 语言程序设计进阶与实践 | 王长浩 | 陕西科技大学 |
| 33 | 嵌入式系统设计 | 杨剑锋 | 武汉大学 |
| 34 | 可视化程序设计技术及应用 | 张长胜 | 东北大学 |
| 35 | 计算思维—神秘的算法<br>(算法设计与分析) | 邹娟 | 湘潭大学 |
| 36 | Linux 开发环境及应用 | 蒋砚军 | 北京邮电大学 |
| 37 | 程序设计基础(VB) | 李茵 | 西北农林科技大学 |
| 38 | 计算系统基础 | 王浩然 | 南京大学 |
| 39 | C 语言程序设计——<br>快速入门与提高 CAP | 吕春利 | 中国农业大学 |

## (二)第 6 章课程清单

| 序号 | 课程 | 课程负责人 | 主要建设单位 |
|---|---|---|---|
| 1 | 微积分基础 | 王冠香 | 北京大学 |
| 2 | 离散数学 | 刘铎 | 北京交通大学 |
| 3 | 计算机网络与通信技术 | 刘彪 | 北京交通大学 |
| 4 | Python 语言程序设计 | 鲁凌云 | 北京交通大学 |
| 5 | 概率论与数理统计 | 赵进 | 南京大学 |
| 6 | 统计、大数据与生活 | 朱永忠 | 河海大学 |
| 7 | 微积分 | 苏德矿 | 浙江大学 |
| 8 | 数据库原理与应用 | 陈志泊 | 北京林业大学 |
| 9 | Python 编程基础 | 王恺 | 南开大学 |
| 10 | 高等代数(上、下) | 林亚南 | 厦门大学 |

**续表**

| 序号 | 课程 | 课程负责人 | 主要建设单位 |
|---|---|---|---|
| 11 | 概率论与数理统计 | 胡发胜 | 山东大学 |
| 12 | 工程力学 | 黄丽华 | 大连理工大学 |
| 13 | 工程热力学 | 王维 | 大连理工大学 |
| 14 | 机械基础实景教学 | 张锋 | 哈尔滨工业大学 |
| 15 | 物理化学 | 白守礼 | 北京化工大学 |
| 16 | 物理化学 | 刘俊吉、冯霞 | 天津大学 |
| 17 | 大学化学 | 邱海霞 | 天津大学 |
| 18 | 算法设计与问题求解 | 李清勇 | 北京交通大学 |
| 19 | Web 前端开发 | 孙俏 | 北京林业大学 |
| 20 | 计算机系统局限性 | 何积丰 | 华东师范大学 |
| 21 | 材料力学 | 刘静 | 中南大学 |
| 22 | 数学分析 | 梅加强 | 南京大学 |
| 23 | 细胞生物学实验 | 薛雅蓉 | 南京大学 |
| 24 | 大学物理 | 徐宁 | 盐城工学院 |
| 25 | 有机化学 | 芦金荣 | 中国药科大学 |
| 26 | 线性代数 | 杨芝艳 | 南京工程学院 |
| 27 | 线性代数 | 黄正达 | 浙江大学 |
| 28 | 离散数学 | 金贤安 | 厦门大学 |
| 29 | 属性数据分析 | 冯峥晖 | 厦门大学 |
| 30 | 线性代数 | 谢小贤 | 华侨大学 |
| 31 | 固体物理学 | 陈水源 | 福建师范大学 |
| 32 | 数学分析(一) | 李克典 | 闽南师范大学 |
| 33 | 线性代数 | 董秋仙 | 南昌大学 |

# 附录二 云模型代码

```
function [Exs, Ens, Hes, result_all] = big_cloud(data, n, m)
%data_num: 每个指标的数据数量
%indic_num: 指标的数量
[data_num, indic_num] = size(data);
fprintf('输入指标数量: %d\n', indic_num)
fprintf('每个指标的数据数量: %d\n', data_num)
%初始化
Exs = zeros(1, indic_num);
Ens =zeros(1, indic_num);
Hes = zeros(1, indic_num);
%依次计算云模型参数
fori = 1: indic_num
    %计算第 i 个指标的云模型参数
    [Exs(i), Ens(i), Hes(i)] = my_cloud(data(:, i), n, m);
end
%排列结果
result_all = [Exs; Ens; Hes];
%打印结果
%disp('计算结果如下:')
end
function [Ex, En, He] = my_cloud(A, n, m)
%UNTITLED 求云模型的三个数字特征
% MBCT-SR%由若干个云滴按照 SBCT-1stM 算法求解 Ex, En 和 He
%   n 为抽取样本个数, m 为每个样本包含元素个数, n 与 m 的乘积不一定等于样本
总数
Ex=mean(A);
fori=1: n
    X{i} =datasample(A, m);
    DY(i)= var(X{i});
end
```

```
En=sqrt(0.5*sqrt(4*mean(DY).^2-2*var(DY)));
He=sqrt(mean(DY)-En.^2);
End
function [fval]=cloud_TO(Ex, En, He, N, Exk, Enk) %求结果云与标准云的相似度
% Ex 为生成云滴的均值
% En 为生成云滴的熵
% He 为生成云滴的超熵
% N 为生成云滴数量
%Exk 为等级 k 的期望
% Enk 为等级 k 的熵
result =zeros(N, 1);
fori=1: N
En_r=randn(1)*He+En; %生成随机熵
x_r=randn(1)*En_r+Ex; %生成随机数 x
    result(i)=exp(-(x_r-Exk).^2./(2.*Enk.^2)); %计算 x_r 对等级 k 的隶属度
end
fval = mean(result, 1);
Ex= * ;
En= * ;
He= * ;
hold on
[x, y] =cal(Ex, En, He);
plot(x, y, '.', 'Color', '#0072BD')
axis([0, 2, 0, 1.1])
xlabel('能力成熟度情感值', 'FontSize', 15)
ylabel('隶属度', 'FontSize', 15)
text(Ex-0.15, 1.05, '初始级', 'FontSize', 15)
```

# 附录三 LDA 模型代码

```
importgensim
fromgensim import corpora
importmatplotlib. pyplot as plt
import matplotlib
importnumpy as np
import warnings
import io
import sys
import codecs
#sys. stdout =io. TextIOWrapper( sys. stdout. buffer, encoding=' gb18030' )  # 改变标准输出的默认编码
#sys. stdout = open(' output. txt' , ' w' , encoding=' gb18030' )
warnings. filterwarnings(' ignore' )  # To ignore all warnings that arise here to enhance clarity
fromgensim. models. coherencemodel import CoherenceModel
fromgensim. models. ldamodel import LdaModel
#主要通过计算 coherence 或困惑度来判断该文献主题数多少合适
name = ' 分词. text. txt'
#准备数据
PATH =f" E: \\测试代码\\代码/分词/{name}"
file_object2 = open(PATH, encoding=' utf-8' , errors=' ignore' ). read( ). split(' \n' )  # 一行行地读取内容
data_set = [ ]  # 建立存储分词的列表
fori in range( len( file_object2) ) :
    result = [ ]
seg_list = file_object2[ i ]. split( )
    for w inseg_list:  # 读取每一行分词
result. append( w)
data_set. append( result)
# print( data_set)
dictionary =corpora. Dictionary( data_set)  # 构建 document-term matrix
```

```
corpus = [dictionary. doc2bow(text) for text indata_set]
Lda = gensim. models. ldamodel. LdaModel   # 创建 LDA 对象
#计算困惑度
# def perplexity(num_topics):
#ldamodel = LdaModel(corpus, num_topics=num_topics, id2word=dictionary, passes=30)
#print(ldamodel. print_topics(num_topics=num_topics, num_words=20))
#       print(ldamodel. log_perplexity(corpus))
#return ldamodel. log_perplexity(corpus)
#计算 coherence
def coherence(num_topics):
ldamodel = LdaModel(corpus, num_topics=num_topics, id2word=dictionary, passes=30,
random_state=1)
    #print(ldamodel. print_topics(num_topics=num_topics, num_words=10))
ldacm = CoherenceModel ( model = ldamodel, texts = data _ set, dictionary = dictionary,
coherence='c_v')
    # print(ldacm. get_coherence())
    returnldacm. get_coherence()
if __name__ == '__main__':
    print("--正在计算--")
    #绘制主题-一致性折线图
    x =range(1, 25)
    # z = [perplexity(i) for i in x]
    y = [coherence(i) for i in x]
    # print(y)
plt. plot(x, y)
plt. xlabel('num_topics')
    plt. ylabel('coherence')
    plt. rcParams['font. sans-serif'] = ['SimHei']
    matplotlib. rcParams['axes. unicode_minus'] = False
    plt. title('主题-coherence 变化情况')
    # plt. savefig(f'./图片/{name. split(". txt")[0]}. eps')
    plt. savefig(f'E: \\测试代码\\代码/一致性基于. {name. split(". txt")[0]}. png',
dpi = 300)
```

```
    plt.show()
    # perplexity()
    #绘制困惑度折线图
    # x1 = range(1, 15)  #主题范围数量
    # y1 = [perplexity(i) for i in x1]
    # plt.plot(x1, y1)
    # plt.xlabel('主题数目')
    # plt.ylabel('困惑度大小')
    # plt.rcParams['font.sans-serif'] = ['SimHei']
    # matplotlib.rcParams['axes.unicode_minus'] = False
    # plt.title('主题-困惑度变化情况')
    # plt.savefig(f'E:\\测试代码\\代码/困惑度基于.{name.split(".txt")[0]}.png',
dpi = 300)
  #plt.show()
```

**图书在版编目(CIP)数据**

基于学习评论的在线课程质量改进及课程形象塑造 / 王锐等著. --长沙：中南大学出版社，2025.3.

ISBN 978-7-5487-6166-2

Ⅰ. G43

中国国家版本馆 CIP 数据核字第 2025PC7940 号

**基于学习评论的在线课程质量改进及课程形象塑造**

**JIYU XUEXI PINGLUN DE ZAIXIAN KECHENG ZHILIANG GAIJIN JI KECHENG XINGXIANG SUZAO**

王 锐 陈 洁 李 强 傅惠娟 凌海丽 著

□出 版 人 林绵优
□责任编辑 浦 石
□责任印制 唐 曦
□出版发行 中南大学出版社
社址：长沙市麓山南路 邮编：410083
发行科电话：0731-88876770 传真：0731-88710482
□印 装 广东虎彩云印刷有限公司

□开 本 710 mm×1000 mm 1/16 □印张 12 □字数 210 千字
□版 次 2025 年 3 月第 1 版 □印次 2025 年 3 月第 1 次印刷
□书 号 ISBN 978-7-5487-6166-2
□定 价 68.00 元

图书出现印装问题，请与经销商调换